技术创新与发展丛书
TECHNOLOGY INNOVATION AND DEVELOPMENT SERIES

王宇 邓姗 张舒 著

企业战略变革方式对技术创新方式的影响
The Impact of Enterprise Strategic Change Approach on Technological Innovation Approach

基金项目：
- 系统科学与企业发展研究中心项目（XQ15C09）
- 四川矿产资源研究中心项目（SCKCZY2016-YB05）
- 四川县域经济发展研究中心2018年度重大项目（xy2018001）
- 西部交通战略与区域发展研究中心项目（XJQ18003）
- 四川省杰出青年学术技术带头人资助计划项目（2016JQ0030）
- 四川省社科规划重大项目（SC16ZD01）
- 成都市哲学社会科学规划重点项目"成都发展新经济培育新动能的理论与实践研究"（2018A04）
- 成都理工大学哲学社会科学研究基金重点研究基地项目"区域创新与绿色发展研究中心"（YJ2017-JD003）

经济管理出版社
ECONOMY & MANAGEMENT PUBLISHING HOUSE

图书在版编目（CIP）数据

企业战略变革方式对技术创新方式的影响/王宇，邓姗，张舒著. —北京：经济管理出版社，2017.9

ISBN 978-7-5096-5281-7

Ⅰ.①企… Ⅱ.①王… ②邓… ③张… Ⅲ.①企业改革—影响—企业创新—研究 Ⅳ.①F271.1 ②F273.1

中国版本图书馆 CIP 数据核字（2017）第 188161 号

组稿编辑：王光艳
责任编辑：许 艳
责任印制：黄章平
责任校对：张晓燕

出版发行：经济管理出版社
　　　　　（北京市海淀区北蜂窝 8 号中雅大厦 A 座 11 层　100038）
网　　址：www.E-mp.com.cn
电　　话：（010）51915602
印　　刷：北京玺诚印务有限公司
经　　销：新华书店
开　　本：880mm×1230mm /16
印　　张：8.5
字　　数：110 千字
版　　次：2018 年 8 月第 1 版　2018 年 8 月第 1 次印刷
书　　号：ISBN 978-7-5096-5281-7
定　　价：58.00 元

·版权所有　翻印必究·

凡购本社图书，如有印装错误，由本社读者服务部负责调换。

联系地址：北京阜外月坛北小街 2 号

电话：（010）68022974　　邮编：100836

目录

1 绪论 ·· 001

    1.1 选题意义 ··· 001

    1.2 研究意义 ··· 002

        1.2.1 理论意义 ··· 002

        1.2.2 实践意义 ··· 003

    1.3 研究框架 ··· 003

        1.3.1 研究目标 ··· 003

        1.3.2 研究方法 ··· 004

    1.4 内容结构 ··· 004

    1.5 先导研究 ··· 005

2 文献综述 ··· 012

2.1 研究现状总览 ·· 012
2.2 技术创新 ·· 012
2.2.1 技术创新及其分类 ·· 013
2.2.2 技术创新方式 ·· 015
2.2.3 技术创新方式选择的影响因素 ························· 016
2.2.4 技术创新能力 ·· 017
2.3 战略变革 ·· 019
2.3.1 战略变革的内涵研究 ·· 019
2.3.2 战略变革的研究视角 ·· 020
2.3.3 战略变革的影响因素研究 ································ 022
2.4 高管团队 ·· 024
2.4.1 高管团队的人口背景特征 ································ 024
2.4.2 高管团队的异质性 ·· 025
2.4.3 高管团队的行为整合 ·· 026
2.5 高管团队、战略变革方式、技术创新方式之间的相互影响 ·· 027
2.5.1 高管团队对战略变革的影响 ····························· 027
2.5.2 高管团队对技术创新的影响 ····························· 030
2.5.3 战略变革对技术创新的影响 ····························· 032
2.5.4 技术创新对企业绩效的影响 ····························· 033
2.6 理论基础 ·· 034

2.6.1 高阶理论 ………………………………………… 034

2.6.2 代理理论 ………………………………………… 035

2.6.3 资源基础理论 …………………………………… 035

2.7 国内外文献评述 ………………………………………… 036

3 研究设计 ………………………………………………… 038

3.1 本书的概念模型 ………………………………………… 038

3.2 研究假设 ………………………………………………… 039

3.2.1 战略变革过程对技术创新方式选择的影响 …… 039

3.2.2 高管团队、战略变革、技术创新方式之间的

关系 ………………………………………………… 041

3.2.3 战略变革方式和技术创新方式之间的适应性与

企业绩效的关系 ………………………………… 043

3.3 变量设计 ………………………………………………… 044

3.3.1 自变量 …………………………………………… 044

3.3.2 因变量 …………………………………………… 045

3.3.3 调节变量 ………………………………………… 047

3.3.4 控制变量 ………………………………………… 048

3.4 测量工具 ………………………………………………… 049

3.4.1 信度检验 ………………………………………… 051

3.4.2 效度检验 ………………………………………… 053

3.4.3 正式量表确定 …………………………………… 057

3.4.4 样本数据收集 ……………………………………… 058

4 战略变革方式对技术创新方式影响的实证研究 ………… 061

4.1 各变量相关性分析 ………………………………………… 061

4.2 战略变革方式对技术创新方式影响的初步分析 ………… 062

    4.2.1 多元回归适用性分析 …………………………… 063

    4.2.2 回归模型的构建 ………………………………… 064

    4.2.3 多元线性回归分析结果 ………………………… 065

4.3 高管团队对战略变革与技术创新关系的调节作用分析 …………………………………………………………… 068

    4.3.1 多元回归适用性分析 …………………………… 068

    4.3.2 回归模型构建（调节效应） …………………… 069

    4.3.3 多元线性回归分析结果 ………………………… 070

    4.3.4 调节效应分析 …………………………………… 072

5 在不同战略变革过程中技术创新方式的选择对市场绩效的影响 ……………………………………………………… 078

5.1 结构方程初始模型 ………………………………………… 078

5.2 模型修正 …………………………………………………… 080

6 战略变革方式对技术创新方式影响的案例分析 ………… 085

6.1 案例研究背景 ……………………………………………… 086

6.1.1 样本选取原因 …………………………………… 086
6.1.2 TCL概况 …………………………………… 086
6.2 TCL四次战略变革及技术创新方式分析 …………………………………… 087
6.2.1 第一次重大战略变革——体制变革 …………………………………… 087
6.2.2 第二次重大战略变革——海外扩张变革 …………………………………… 088
6.2.3 第三次重大战略变革——"全景式管理"变革 …………………………………… 089
6.2.4 第四次重大战略变革——"双+"变革 …………………………………… 090
6.3 案例研究的结论与启示 …………………………………… 092

7 研究结论与展望 …………………………………… 096

7.1 主要研究结论 …………………………………… 096
7.2 本书的主要贡献 …………………………………… 099
7.3 研究局限与展望 …………………………………… 100

附 录 …………………………………… 101

参考文献 …………………………………… 113

1 绪 论

1.1 选题意义

全球经济下行压力增大,我国经济下行已经形成"L"型走势,随着中国工人薪资提升、人民币对美元汇率上升以及能源成本提高,根据 BCG 2015 年报告,中国的制造成本指数已经接近美国,造成全球制造业开始大量从中国转向成本更低的东南亚、印度、巴西等国家。[①] 与此同时,全球性的产能过剩自 2016 年以来仍在持续,制造业企业所面临的竞争会越来越激烈,对于抗风险能力较差、缺乏战略支撑与长期战略规划的企业来说,经营更是困难重重;而伴随着国企改革总体方案下发以及分类改革和混改的推进,国内制造业企业面临着变幻莫测的环境;互联网给传统制造业带来强烈冲击,几乎每个行业都在发生变化,如何在复杂环境下生存,调整和制定合适的战略显得尤为重要,原有战略的不适用可能会迫使企业不得不变革,变革对企业来说是一个永恒的话题,企业只有改变才可能不断成长,企业只有变革转型才能在不确定性的环境下生存。

制造业经历了从工业 1.0 时代到工业 4.0 时代的演变过程,而我国

---

① 波士顿咨询公司,http://www.bcg.com.cn/cn/default.html.

的制造业面临着成本优势逐步削弱、产能过剩、资源浪费等现实问题，虽然技术创新相较于以前有所提高，但是自主研发能力较弱，研发投入总体不足，缺少自主知识产权保护的高新技术。而随着中国供给侧改革的进行，政府对企业的干预会越来越少，主要通过税收优惠政策鼓励企业进行创新和再投资，传统制造业企业依靠政府支持进行经营的日子一去不复返，大多数制造业企业都面临着去产能的问题，但有的企业不愿意进行创新以及进行周期较长、不确定性高的研发投入，而更倾向于进行周期短、回报高的资本运作，可是长此以往，这样的模式不但不能让企业持续发展，还会令企业缺乏核心竞争力。技术创新是企业获取竞争优势的关键因素，但其周期较长，所以必须制定与之适应的战略方针才能让技术创新获得最终的成功。

1.2 研究意义

1.2.1 理论意义

（1）通过对已有研究成果进行回顾、总结与分析，本书选取战略变革方式作为技术创新方式选择不确定性的前因，尝试构建关于两者关系的研究模型，提出关于战略变革方式对技术创新方式影响的模式框架，有助于研究技术创新影响因素的前因变量，积累战略变革环境下技术创新方式选择情景的理论研究，帮助认识技术创新方式选择的规律性问题，为战略变革领域和技术创新领域的进一步研究提供借鉴。

（2）现有文献关于战略变革与技术创新关系的研究没有引入高管团队，而高管团队的人口背景特征、异质性、行为整合都会对技术创新以及战略变革产生影响，且高管团队本身就是战略变革和技术创新的决策者，会对两者产生至关重要的影响，所以本书还试图把高管团队的构成与工作方式作为战略变革与技术创新的调节变量，将高管团队纳入战略变革对技术创新方式影响的统一视角进行整合性研究，以丰富前人的研究结果，进一步了解三者之间可能存在的关系，解释技术创新方式选择的内在动因。

（3）本书试图研究不同战略变革方式下技术创新方式选择的差异性，并总结这种差异性给企业绩效带来的影响，帮助企业在变革时因过程不同而选择适应的技术创新方式，以获得较优绩效。

1.2.2 实践意义

（1）以制造业企业为研究对象开展企业战略变革和技术创新的相关研究，有利于在理论上帮助企业认识技术创新的驱动因素，让企业对战略变革和创新活动的认识不再单一，也不再缺乏理论支撑。

（2）分析战略变革方式、技术创新方式之间的适应性机制以及高管团队能够起到怎样的调节作用，帮助企业审视自身高管团队在战略变革与技术创新中的作用。

（3）为企业制定合理的战略变革方式以及与之适应的技术创新方式提供参考借鉴，以期达到最优绩效，让企业竞争力实现最大化，为提升我国制造业竞争优势提供参考与借鉴。

1.3 研究框架

1.3.1 研究目标

根据已有文献可知，目前缺乏战略变革对技术创新方式影响的实证研究，但是已有学者提出可以将两者进行联系（王宇，2016），这有助于认识技术创新方式选择的前因变量，并且将高管团队作为调节变量可以使研究更系统，并填补这一研究领域实证分析的空白，所以本书主要希望达到以下目的：

（1）基于文献综述界定战略变革、技术创新等相关概念，基于高阶理论、代理理论等已有研究基础提出本书假设，并建立战略变革对技术创新影响方式的概念模型。

（2）通过实证调研分析战略变革方式对技术创新方式的影响，以及它们这种相互影响对企业绩效的作用。

（3）把高管团队作为调节变量分析其对战略变革与技术创新关系的调节作用。

1.3.2 研究方法

（1）文献研究法。本书需要进行大量的关于战略变革、技术创新、高管团队及企业绩效的单个角度以及多角度相结合的文献分析和整理，提出本书的问题和理论假设，并设计相关问卷。

（2）实证分析法。本书研究的主要对象为制造业，所以需要采用问卷调查法收集相关数据，问卷则使用李克特七级量表，并使用 SPSS 对回收的问卷进行统计分析，需要采用描述性统计、相关分析、多元回归分析等方法。

综上，本书的研究方法是定性与定量结合、理论与实证结合。

1.4 内容结构

本书具体研究战略变革速度与幅度对技术创新主体选择与方法选择

的影响机制，并在此基础上以高管团队为调节变量，以企业绩效为输出变量，探索几个变量之间的因果关系。全书共分为7章。

第1章主要介绍选题背景、意义，研究目标、概念模型、方法以及内容结构。

第2章对国内外的相关理论与实证研究进行综述，对技术创新、战略变革、高管团队等相关问题，从不同的视角、研究方向进行归纳总结。

第3章介绍研究设计，在研究框架和研究综述的基础上提出了六个假设，对变量测量方法、数据收集以及数据分析方法进行概述，同时进行样本结构的分析以及预调研情况介绍，调研结果的分析，变量的信度分析、效度分析等，为之后章节的研究奠定基础。

第4章为实证分析，根据第3章的初步分析，构建了战略变革速度与幅度对技术创新主体选择、方法选择的多元回归分析，并分析高管团队对战略变革与技术创新关系的调节作用。

第5章构建结构方程模型，验证战略变革与技术创新的关系对企业绩效的影响，并对研究假设进行验证。

第6章为案例研究，以TCL股份有限公司为例，研究了企业在战略变革中对技术创新方式的选择，以及两者间关系对于绩效的影响。

第7章为本书的研究结论与展望，对结果进行总结分析，探讨本书的局限性，提出未来研究方向和实践意义。

1.5 先导研究

2015年我们曾以四川省上市公司为例做过异质高管团队影响下企

业战略性组织变革与技术创新机制的互动研究。此研究从中国的管理情境出发，基于四川省企业这一特殊的研究对象，以下列几点作为研究目标，体现创新之处与理论实践价值：

（1）研究企业战略变革对创新方式的影响，提出战略变革影响创新方式的模式框架。

（2）研究战略变革和创新方式之间的适应性与财务绩效的相关关系，总结适应性对企业绩效的影响机制。

（3）研究高管团队构成与工作方式影响企业创新方式选择，进而影响财务绩效的机制。

（4）认识所有制、规模、雇员人数等因素在企业处理战略变革与创新方式选择方面的作用机制。

（5）为企业正确选择战略变革方式与创新方式提供理论依据，并帮助企业审视自身高管团队在战略变革与技术创新中的作用。

（6）丰富前人研究结果，并基于研究对象的实际情况对一些传统观念提出新的视角与见解。

此研究我们采用了文献分析法和实证分析法，并以实证研究为主。在相关文献回顾及理论探讨的基础上，通过问卷调查进行定量研究，做到规范研究与实证研究相结合，定性分析与定量分析相结合。在进行实证研究的时候，采取定性—定量—定性的方法，先通过定性研究提出研究假设，再通过定量研究验证假设，最后通过定性研究进行必要的充实和验证，发现新的问题。在定量研究中，通过对四川省上市公司进行问卷调研来获取所需信息。问卷采用李克特七级量表进行测量，测项来源主要借鉴国内外相关研究中相同变量的测量项目。通过问卷调查，收集了战略变革速度和幅度以及技术创新方式等方面的数据，运用SPSS21.0对调查结果进行分析，以验证本书提出的研究假设，并对研究结果与假设产生的差异进行解释。对于高管团队异质性和企业财务绩效这些可通过文本分析获得的数据，此研究是从这些企业的公开报告和巨潮资讯网的文本分析中获取数据并进行计算的。

在战略—行为—绩效范式的引领下，我们研究了在一定高管团队作用下战略变革速度与幅度对企业创新方式的影响，以及不同影响方式对企业绩效的影响，此研究的概念模型如图1-1所示。其中，基于创新主体可将创新方式划分为独立创新和联盟创新；基于创新内容可将创新方式划分为自主创新和模仿创新。

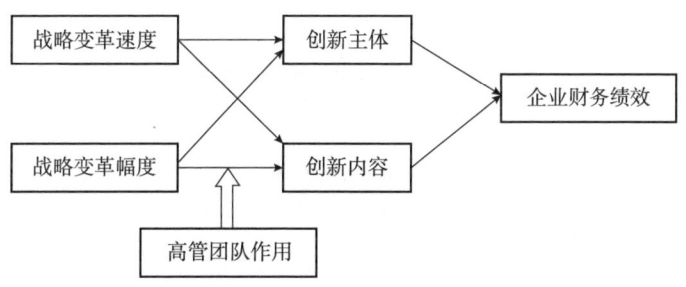

图1-1 研究概念模型

根据研究框架，在进一步梳理文献的基础上提出如下研究假设，在开展正式研究工作后，将这些研究假设进一步扩展为操作假设。

H1：战略变革速度较快的企业，在创新主体方面倾向于独立创新，在创新内容方面倾向于模仿创新。

H2：战略变革幅度较大的企业，在创新主体方面倾向于联盟创新，在创新内容方面倾向于自主创新。

H3：对于不同战略变革方式的企业，在创新方式上的选择会对财务绩效产生影响。

H4：高管团队在年龄、性别、任期、受教育水平、持股比例等方面的情况，将调节战略变革对创新方式的影响。

此研究对已有的相关成果和研究理论进行了回归和梳理，以战略性组织变化、企业技术创新策略和企业绩效之间的关系以及高管团队异质性的调节作用为研究对象，主要基于四川省上市公司的调研数据，在分析战略性组织变化和企业技术创新策略关系的基础上，通过实证研究的方式进一步揭示了战略性组织变化的不同方面对企业技术创新策略的影响，并考虑了高管团队异质性的调节作用；通过实证研究的方式分析了在采用不同战略性组织变革方式的时候企业技术创新策略与企业绩效之间的相关关系。该研究的研究假设得到了不同程度的证实。具体证实情况如表1-1所示。

表1-1 研究假设验证情况一览表

	研究假设	数据表明	结果
研究假设验证情况	假设1	变革速度与独立创新之间显著正相关 变革速度与模仿创新之间显著正相关	通过
	假设2	变革幅度与联盟创新之间的相关性不显著 变革幅度与自主创新之间的相关性不显著	未通过
	假设3	慢速变革时，独立的技术创新策略和企业主营业务收入之间显著正相关；小幅变革时，联盟的技术创新策略和企业主营业务收入之间显著正相关	部分验证
	假设4	高管团队持股异质性对变革速度与联盟创新的相关关系有显著调节作用	部分验证

具体而言有以下结论：

（1）战略性组织变化的速度对技术创新主体和技术创新内容均有一定的影响。

（2）战略性组织变革速度对联盟创新策略产生正向影响。同时，高管持股比例的异质性对战略性组织变革速度和联盟创新策略的关系起到调节作用，并且这种作用是减弱作用。此外，高管团队年龄、性别、学历、任期的异质性程度的调节作用并不显著。

(3) 战略性组织变革速度对独立创新策略产生正向影响。同时，高管团队年龄、性别、学历、任期和持股比例的异质性程度的调节作用并不显著。

(4) 不同战略变革方式下技术创新策略和企业绩效的相关性有所不同。

(5) 当战略变革速度较快时，技术创新策略和企业绩效之间没有显著的相关关系；而当战略变革速度较慢时，独立的技术创新策略和企业主营业务收入之间存在着显著的正相关关系。且此时企业的净资产收益率和主营业务收入存在着显著的负相关关系。

同时，当变革速度较慢时，企业联盟创新和模仿创新之间存在着显著的负相关关系。这说明当变革速度较慢时，联盟创新策略和模仿创新策略较不容易被同时采用。

(6) 当战略变革幅度较大时，技术创新策略和企业绩效之间没有显著的相关关系；而当战略变革幅度较小时，联盟的技术创新策略和企业主营业务收入之间存在着显著的正相关关系。

当变革幅度较小时，企业联盟创新和模仿创新之间存在着显著的负相关关系。这说明当企业进行大幅度的变革时，联盟创新策略和模仿创新策略较不容易被同时采用。

当变革幅度较大时，模仿创新和独立创新之间存在着显著的正相关关系。这说明企业进行大幅度的变革时，在选择模仿创新策略和独立创新策略当中的一种后，另外一种策略很可能被同时选择。

在对高管团队、战略性组织变革与技术创新策略的研究中，对三者的关系进行研究时，将高管团队异质性因素作为重要调节变量并对另外两者的关系进行研究，这在已检索到的文献中尚未发现，所以该研究为之后的研究提供了参考和思路。

在对技术创新方式与企业绩效关系的研究中考虑到了不同战略变革方式的影响，认为在不同战略变革方式下，技术创新与企业绩效的相关关系会有所不同，并通过实证研究部分证实了这一假设，这同样是在已检索到的文献中没有发现的，同样能为之后的研究提供参考和思路。

此研究存在的不足和需要改进的地方主要包括以下几点：

首先，此研究调研对象的特殊性，使问卷的回收受到现实条件的限制，因此此调研采取了方便抽样的方法。尽管最终获得的样本也具有一定的随机性和代表性，但这种做法不如完全随机抽样方式更能代表国内的企业与组织，抽样方法导致结论具有一定的局限性。

其次，此研究是一项跨行业研究，但实证样本量仅有25份，样本量偏少，可能在一定程度上影响研究假设检验模型（如回归模型等）参数估计值的理想程度，影响了研究结论的普适性。此外，样本数据质量还有待进一步的提高。

最后，此研究在实证研究过程中重点关注与研究假设密切相关的结论，对某些与研究假设没有直接关联的检验结果解释较少甚至予以忽略。如在进行回归分析时，虽然将调节变量纳入了研究模型，但仅对其较少数据分析结果进行了报告和讨论。

然而，此研究对于之后的研究还能起到以下几点启示作用：

第一，由于此研究的实证分析还不是真正意义上的"大样本"研究，为了进一步加强实证分析的说服力，实现真正意义上的"大样本"，建议未来在现有研究基础之上，采用大样本抽样调研，进一步扩大样本数，并通过大量的实证研究，进一步检验并修正此研究的结论，提高此研究模型的解释度和对实践的指导意义。

第二，由于时间、人力、成本模型构建方法的局限性，此研究仅在一定程度上揭示了不同战略变革方式下企业技术创新策略和企业财务绩效的相关关系，但并没有对这种相关关系进行进一步的分析，这是今后有待进一步拓展的地方。

第三，在这一研究领域内，针对中国企业的实际情况进行规范的案例研究的文章少之又少。未来的研究应考虑采用实证研究和案例研究相结合的方式，以弥补调研问卷方法的局限性，从而使结论更有说服力或更具可靠性，为进一步研究提供借鉴。

2 文献综述

2.1 研究现状总览

战略决定企业的发展方向与生存前景,技术创新关乎企业的绩效,战略的变革可能伴随着技术的创新,因而战略变革方式如何影响技术创新方式值得研究。另外,高管团队是战略变革与技术创新的决策者和执行者,高管团队同时对两者产生影响,既能影响战略变革的方式、速度与幅度等,又能影响技术创新能力和技术创新方式的选择。本章主要对高管团队、战略变革和技术创新方式的相关文献进行综述,并总结已有文献,得出现有关于三者的研究框架(如图2-1所示)。

2.2 技术创新

技术创新是企业发展和长存的必备条件之一,近年来大多数针对技术创新的研究集中在技术创新的模式和影响因素等方面,例如胡继华(2015)对国内技术创新的相关文献进行总结后发现,技术创新研究热点为技术创新能力、模式、对策和体系等,研究关键词为技术创新能

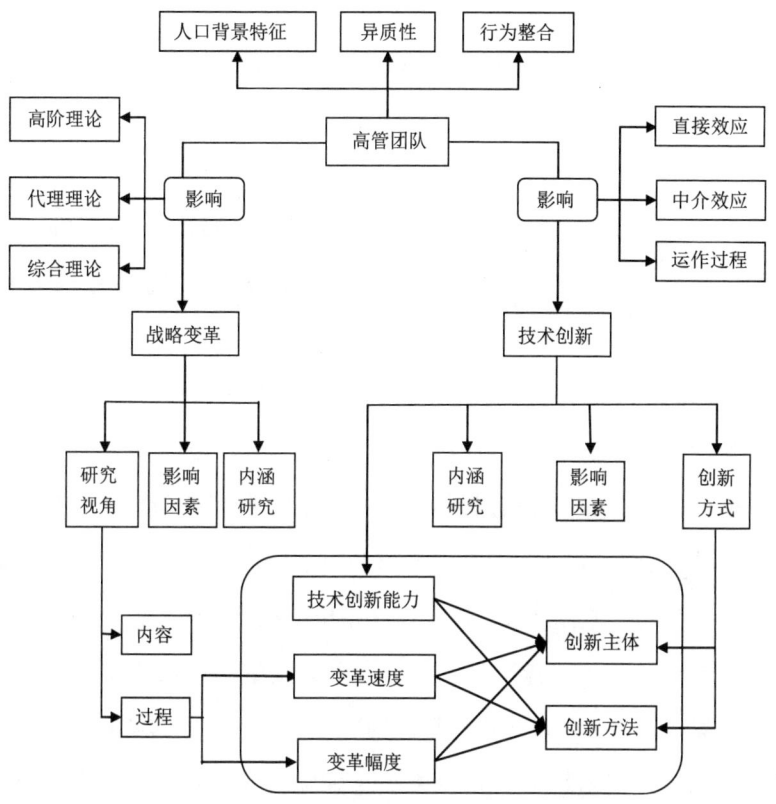

图 2-1 战略变革方式、技术创新方式与高管团队的现有研究框架

力、绩效、影响因素、体系、模式和技术创新战略等。

2.2.1 技术创新及其分类

技术创新源于经济学家熊彼特 1912 年提出的创新概念以及之后总结的创新理论，国外学者缪尔塞总结了 20 世纪 50~80 年代关于技术创新的论文，认为技术创新是在内容的新颖性和不连续性的前提下还能够使创新活动成功实现的有意义事件，国内学者傅家骥对技术创新做出了比较详细的定义：技术创新是企业以获取商业利益为目标，因推出新产品或工艺、寻找潜在市场、成立新组织等因素需要重新组织企业资源（科技、组织、商业和金融等），建立合理、高效、低成本的生产经营系统。从技术创新的特征分析，技术创新是以技术为基础，与企业组织管理、制度的创新相协调，创造出具有全新价值功能的产品、工艺或服务，且通过这些技术上的创新为企业带来经济效益，其是涉及市场营销、财务、生产制造、研发等多部门的系统性且具有风险性的活动。

根据国内外学者对技术创新的定义以及技术创新的特征，可以按照企业目标或者创新的内容将技术创新划分为不同的创新方式。目前技术创新的分类主要有：①根据创新对象的不同，技术创新可以分为产品创新和工艺创新。Giacomo Bonanno 和 Barry Haworth（1998）将中小企业技术创新分为工艺创新和产品创新，得出了在竞争激烈的环境中，追求高质量的公司适于选择产品创新，追求低质量的公司适于选择工艺创新，在竞争不激烈的环境中，情况则刚好相反。②根据创新活动参与主体的不同，技术创新可以分为独立创新与联盟创新。王丽娜和朱欣民（2005）将技术创新分为自己主动、学习别人、与别人合作创新。③根据创新影响程度的不同，技术创新可以分为渐进创新与突变创新。企业在进行技术创新的时候会引起不同程度的组织结构与过程的变化，有的学者根据这一变化的程度对技术创新方式进行分类，引起的变化与偏离程度较小、优化组织结构的技术创新为渐进式创新，而如果技术创新导致组织实践发生较大偏离且行为产生根本变化，那么将其称为突变式创新（克里斯坦森，2014）。④根据创新内容来源不同，技术创新可以分为自主创新、模仿创新、技术引进。Gassiman（2000）将技术创新分为以自己研发为主和以从外引进为主；张广凤（2009）将依据渐进式创新和根本性创新将技术创新分为模仿创新和自主创新。

2.2.2 技术创新方式

企业在进行技术创新选择前,需要确定创新投入强度并选择技术创新方式。企业的技术创新方式是技术创新的组织策略,指的是技术创新主体与技术创新的程度与形式(李园,2007),本书借鉴 Gassiman 的研究,将技术创新方式划分为两个方面:一方面是按技术创新参与主体划分为联盟创新和独立创新;另一方面是按技术引进或不引进分为模仿创新、自主研发与技术引进。独立创新需要企业拥有较高的资源弹性,需要企业内部各部门的共同努力,崔冬初等(2014)研究发现企业的规模决定其创新方式,并认为大中型企业更加适合独立创新,因其拥有更多资源与人力、财力、物力;而中型企业则适合联盟创新,联盟式的合作创新能够实现资源与信息的共享,企业之间能够优势互补并且共同承担风险,帮助企业减少风险与危机;小微企业可以采取模仿创新的策略,降低人力、物力与财力成本。除了模仿创新,创新的另外两个方法——自主研发和技术引进之间的最大差异就是前者在技术获取过程中蕴含着更大的不确定性,且产生经济效率的周期更长;相反,技术引进的目标是技术市场已经成熟的技术产品,因此其风险较小、周期较短,技术创新成效能够较快得到体现。但从另一个方面来讲,相对于技术引进,研发创新成功后企业独自拥有知识产权或技术秘密,能够避免企业对外部技术资源的依赖,有利于通过构筑技术壁垒来获取未来可持续竞争优势。

目前国内外学者对"技术创新方式"和"技术创新策略"这两个概念的区分并不明确。主要表现为技术创新方式与策略的分类中,大多都包含自主创新、联盟创新、模仿创新、独立创新等相关内容。

2.2.3 技术创新方式选择的影响因素

技术创新受到多种因素共同作用，而技术创新方式选择也同样受到各个因素的影响，学者们从不同的角度分析各影响因素对技术创新方式选择的作用。Dwyer和Mellor（1993）研究发现，五种不同的创新战略对企业成功的影响并没有太大差异，但是特定的创新战略只适用于特定的产业和市场，企业只有选择符合自身条件的技术创新方式，才能真正有效地获得技术创新给企业带来的内生效益。崔冬初等（2014）运用AHP分析了河北省中小企业技术创新方式选择的影响因素，将影响因素分为市场环境、创新环境、企业实力、宏观环境这几个方面，其中市场需求、创新投入能力、企业资源、管理能力、政府与金融部门扶持度是比较重要的因素，并且其认为不同规模及类型的企业进行技术创新方式选择时路径也有差异。本书综合前人研究，认为技术创新的选定过程会受到以下方面的影响：战略、经营状况、高管团队、利益相关者、资源状况、竞争状况、企业技术创新能力。

从战略的角度分析，企业在进行技术创新方式选择时，不能脱离企业战略和组织目标，否则技术创新的成效会降低，所以策略的选择与企业战略紧密相关。徐细雄、万迪昉和淦未宇（2008）认为企业的战略意图会影响技术创新方式的选择，并研究得出，当面临绩效困境时，企业为了扭转局面并快速获取回报会采取技术购买方式，而企业为了提升自身竞争力，在组织资源松弛的前提下，则会选择自主研发方式。张惠琴和南毅（2011）研究得出，选择差异化战略的企业会选择独立创新，而低成本集中战略和差异化集中战略则会阻碍企业选择独立创新和联盟创新。

除了战略会对技术创新方式选择产生影响外，企业的经营方式、高管团队、资源状况、企业能力以及企业利益相关者等同样会对其产生影响。企业在进行技术创新时必须考虑创新所需要的资源，在进行资源整合的过程中还要考虑组织结构、动态能力、经营战略等问题。林洲钰等（2015）认为，我国集团企业的技术创新水平更高，集团化经营可以帮助企业整合资源并促进技术创新；施建军等（2015）研究发现，由于颠覆式创新需要更多的资源，高管团队基于工作导向信任的程度越高，企业越偏好于选择颠覆式创新，而基于关系导向信任的高管团队则倾向于选择继承式的平稳创新；焦豪（2011）认为，企业的动态能力能够为渐进式创新和颠覆式创新提供和协调所需要的资源。除了资源的整合，如何利用好人力、财力、物力，对于技术创新也至关重要，余子鹏和王今朝（2015）针对我国企业技术创新方式选择的影响因素进行研究，发现工艺创新受到技术设备引进与改造的影响，产品创新受到企业设备水平、部门岗位制度明确程度、技术人才引进、激励机制的影响。以上影响因素均来自企业内部，有的学者站在企业外部的角度对技术创新方式选择的影响因素进行了分析。例如，游达明等（2015）分析了当供应商和顾客参与到创新活动中时，企业会更愿意进行突破性技术创新进而帮助企业建立新市场。

虽然学者们从不同的角度分析了技术创新方式选择的影响因素，但实际上各因素之间也会相互影响，例如高管团队会影响企业战略变革、团队协作方式、组织结构、企业能力等各个方面，所以技术创新是企业各方面因素共同作用的结果。

2.2.4 技术创新能力

如前文所述，技术创新能力已经成为学者们研究的热点，而关于技术创新能力的研究目前尚未形成统一的理论解释，比较具有代表性的技术创新能力理论是 Meyer 和 Utterback 于 1993 年提出的。他们认为，技术创新能力是一个包含研发能力、生产制造能力以及营销能力的整合系统，企业除了应具备这三种能力以外，最重要的能力是企业对内外部创新资源的整合有效程度，技术创新最重要的影响因素就是资源利用能力。根据概念可知技术创新能力包含多个方面，但学者们通常采用研发能力和产品制造能力这两个方面作为代表。

技术创新能力的分类较多，学者们从不同的角度，如资源利用情况、创新结果等对其进行了分类，主要包括：①技术创新是一个资源输入、产品输出的过程，根据输入、输出时间先后，有的学者将技术创新能力分为五个方面，即投入、管理、研发、制造和营销能力（李艳等，2010）；②除了依据时间顺序外，有的学者还按照创新活动的过程将创新能力分为选择、匹配、执行和评估四个方面，这也是依据企业对内外部资源整理和利用情况进行的分类（李艳等，2010）；③技术创新能力对于企业而言是获取新知识并创造价值的能力，把知识转换为新技术的能力按程度可分为吸收、集成和原创能力，而这三种能力的知识转换程度依次增强（陈力田，2015）。

根据对技术创新能力的分类，可以发现技术创新能力由许多因素共同决定。技术创新能力主要受到企业内部的高管团队、组织结构、技术能力，以及外部的市场需求、政策制度等的影响（吴晓芳，2015）。在企业内部，高管团队是企业创新能力整合系统的操作运营者以及决策者，而且技术创新能力是一个动态的管理过程，在这个过程中，需要所有参与技术创新的成员有机协调和配合；企业生存在社会这个大环境中，必然受到来自外界的各种影响，企业技术创新能力的最终结果是产品的输出，而输出的产品必然是能够被市场接受的产品，所以市场需求是企业技术创新的动力。除了市场的拉动因素外，政府的激励措施对于技术创新能力的提升也将起到关键作用。

企业技术创新能力的不同也会决定他们选择不同的技术创新方式，创新投入越高、创新产出比重越大，企业越倾向于选择自主研发的独立创新；如果企业的技术创新能力较弱，没有资源进行自主研发，则其倾向于选择技术引进及购买的方式。不同地区技术创新能力的强弱也呈现不一致的状况，白嘉（2012）调查研究发现，中国不同地区技术创新能力由强到弱的排序为东部地区、中部和东北部地区、西部地区，这也与各地区的经济状况相符合，而能力较弱的地区可以采取联盟创新的方式提高自己的创新能力与绩效。

2.3 战略变革

战略帮助企业确定发展方向、期望目标，还包括为了实现这些目标所指定的政策、制度与程序，而战略管理是一个动态平衡的过程，由于外界客观环境的变化和组织内部的变迁，不变的战略只会让企业止步不前且面临重重困难，因此变革不可避免。企业战略变革兴起于20世纪50年代，由以Ansoff、Anderews、Rumelt等为代表的规划学派提出。企业面对复杂多变的环境，要想在不断变化的环境中生存，不可能保持一成不变的战略，鉴于此，许多学者开始研究企业战略变革的范围、内容、特征，并且已经形成了较为全面的理论体系。

2.3.1 战略变革的内涵研究

Rumelt（1974）认为战略变革是企业在业务层面上对特定产品或市场领域竞争决策的调整或变更。但是在Mintzberg和Westley（1992）提出战略变革分为内容和过程两个方面之前，学者对于企业战略变革的定义都比较笼统，之后国外学者针对内容和过程对战略变革做出了比较完善的定义，主要从战略变革的形式、战略变革发生的概率、战略变革的变化程度和战略变革的持续时间这几个方面展开。Rynes 等（2001）认为，组织内部技术、产品和服务、战略和结构、文化四个方面的变化都可以被视为战略变革。国内研究方面，冯海龙（2007）将战略变革定义为企业由于外部环境、内部组织条件的变化而对企业的战略定位观念及制定范式的调整，主要表现为高层管理者心智模式、企业愿景、产品、市场、战略制定范式等在企业不同生命周期的差异。Marta 等（2015）的研究发现企业的战略很少时候处于不活跃期，企业的正常状态是一直在变化的，这些变化在不同时期的强度和持续时间都不一样，该研究还将战略变革模式分为激进和渐进变化两种模式，并解释了企业在寻求适应环境条件或测试变革条件时如何采用不同的模式。

综合之前学者们的研究可知，由于企业的战略变革有的是迫于形势，而有的则是主动改变，所以可以将战略变革分为主动与被动。从企业被动的角度定义战略变革，可以认为是企业内部产生不良问题且发展缓慢，无法正常经营，因而必须对发展方向、目标等进行调整与改善，采取变革以确保企业持续发展；从企业主动的角度可以将战略变革定义为，企业为了维持或获取新的竞争优势对企业进行全面评估，并利用已有资源对组织结构、目标、发展方向、主营业务等做出战略调整，这是企业为主动应对环境变化，随时掌握企业动态而进行的战略变革。

2.3.2　战略变革的研究视角

战略变革研究可概括为因果研究、内涵研究与过程研究三大类，基于这三大类，学者们把战略变革的研究划分为内容学派和过程学派两大主要流派。其中内容学派的代表性研究是运用大样本和统计方法来分析战略变革的前因后果及其与企业绩效的交互影响,而过程学派主要使用案例分析方法来研究战略变革实施过程中管理者的角色与作用、变化本身的过程以及战略变革成功的条件(杨林和张敏,2008)。

在战略变革过程学派的相关研究中,针对变革速度和幅度的研究逐渐凸显。弋亚群、刘益和李垣(2007)认为,目前战略变革的速度主要有战略形成的速度和战略实施的速度这两类,并将战略变革的速度定义为战略变革过程中所需要的时间长短;同时他们对战略变革的幅度做出定义,认为战略变革的幅度指企业所提供的产品或服务、目标市场的资源配置在一定范围的深度、广度或大小的变化程度;变革幅度的内容主要包括业务数量和业务专业化强度的变化、职能领域资源开发强度的变化、业务相关性的变化、组织中参与战略变化的范围。刘鑫和薛有志(2015)总结前人研究得出,企业战略变革幅度的组成内容包括广告支出、管理支出、固定资产更新、存货水平、财务杠杆以及资源配置维度的核心——研发投入。战略变革速度关乎企业竞争优势的获取,何爱琴和任佩瑜(2010)研究了组织学习能力对战略变革速度的影响,在组织学习对战略变革具有正向影响的基础上(冯海龙,2008),进一步得出组织学习的环境变化认知能力能够提高企业战略变革速度,另外组织学习能力中的团队学习能够营造学习氛围,促进沟通、交流及分享,因此能够影响团队解决问题的能力以及接受新事物的速度,所以"团队意识"、"团队知识分享"和"团队工作合作"这三方面与战略变革速度显著正相关。战略变革速度和幅度影响因素的研究主要从外部环境和组织因素这两个方面展开,外部环境包括政策、经济等,组织因素主要包括高管团队、组织结构等。

战略变革的速度和幅度会对企业的财务绩效造成影响。Scifres

（1994）研究得出，在银行业管制环境变化的条件下，企业战略变化与绩效之间存在倒"U"型关系，也就是说企业战略变化处于中等程度时对绩效的促进效果最好。Baum 和 Wally（2003）研究得出，战略决策速度越快，企业成长及绩效越好。战略变革可以为企业增加收益，但是在变革的过程中也会产生成本，所以对于战略变革与企业绩效关系的研究会得出不一致的结论。杨艳等（2015）研究发现，战略的调整成本影响着战略变革幅度、方向与企业绩效的关系，且货币政策宽松或紧缩能够弱化或强化战略变革与企业绩效的关系，两者协同时有助于提升企业绩效，得出了战略变革幅度与企业绩效为倒"N"型非线性关系以及战略方向调整与企业绩效为倒"U"型非线性关系的结论。这一结论也解释了为什么有的学者认为战略变革对企业绩效有负向影响，而有的研究则表明战略变革能够提升企业绩效。

2.3.3 战略变革的影响因素研究

企业进行战略变革的原因有外部环境变化（竞争者力量、客户力量、供应商力量、协作者力量等各种力量的总和）、动态竞争、全球经济整合、科技变革等，以及内部的资源弹性不足、组织体系构成要素变化、现有战略滞后、"成长上限"和系统复杂化约束等方面。在进行变革原因分析时必须要掌握战略变革的影响因素，目前国内外学者均对战略变革的影响因素进行了研究。

总结国外对战略变革影响因素的研究，可以将其分为外界环境、企业规模、原有战略、高管团队、董事会结构这五个方面。国内研究方面，陈传明和刘海建（2005）认为战略变革的影响因素主要包括最初实施的战略、外界环境、企业组织与治理结构、企业绩效四个方面，其中企业组织与治理结构中主要由组织内权力分配、管理团队的股权结构、总经理任期、CEO 继任、高管团队异质性构成。战略变革与高管团队息息相关，高层管理人员是战略的制定者和实施者，决定企业未来的战略状况，是战略变革最重要的影响因素。杨林和芮明杰（2010）基于高阶理论、代理理论和综合理论，从高管团队的组成特征，高管团队协调、沟通、领导、激励等进程，高管团队异质性和同质性，高管团队运作过程，高管团队成员和任务融合度五个方面分析高管团队对战略变革与企业价值的影响。有的学者认为高管团队直接作用于战略变革，但是有的学者认为高管团队在组织结构、动态能力、创新与战略变革之间起到了中介变量和调节变量的作用。陈明和余来文（2006）认为企业在进行战略变革时会受到动态能力、组织学习、持续创新的影响，并研究得出企业文化影响高管团队和员工的行为选择，进而影响战略调整和变革的选择结果。刘新民等（2013）研究了不同的 CEO 继任类型对战略变革的影响，认为高管团队起到了中介效应，并且外部继任的 CEO 更倾向于选择突破性的变革。

战略变革的定义以及学者的研究成果表明战略变革受到企业内部和外部环境的共同影响。潘安成（2009）研究了企业战略变革的内生理论及外生理论，为之后对战略变革动因的研究提供了理论基础，其总结了内生理论主要包括资源能力理论、组织学习理论、组织复杂理论以及对应的动态能力、组织学习及机理变化等因素，而外生理论主要是产业组织理论、种群生态学、实物期权与博弈论，分别对应市场结构需求、竞争对手、战略时机选择这三个外部因素，并认为企业应该借助这些因素认真分析自身在战略转型时期最需要解决的问题，通过分析内外部因素来制定合理的战略变革计划与行动。从内部动因的角度，王浩（2009）认为，可以将企业进行战略变革的动因分为战略性因素和作业性因素，战略性因素是企业开发新产品或者重新确定目标市场，作业性因素为工厂现代化或新的成本控制方法。除了从内外部两个角度进行分析外，也有的学者从认知视角分析战略变革的影响因素。陈晓梅（2014）认为，从个人、高管团队、组织三个层次的认知视角对战略变革进行剖析，可以帮助企业在战略变革计划制定和实施过程中对非理性因素加以重视，从而使研究更加贴近实际；也有的学者认为应该在变革的不同时期分析不同的影响因素，如徐鹏程（2006）认为，变革初始阶段的主要影响因素为外部环境和企业生命周期，而实施阶段最重要的影响因素为企业文化、组织结构和领导者，在最后的反馈阶段则主要受到变革效果以及资源再分配的影响。

2.4 高管团队

Hambrick 和 Mason（1984）提出高层梯队理论后，学者们开始对高管团队（Top Management Team，TMT）的个人特征、行为整合和异质性进行研究。最初的研究集中在高管团队的人口背景特征上，学者们将高管团队的认知与心理通过人口统计学表现出来，但是这方面的研究忽略了高管团队是一个有机组合，团队成员之间能够相互影响，认识到这一问题之后，学者们开始对高管团队的行为整合和异质性方面进行研究。

2.4.1 高管团队的人口背景特征

高管团队的人口背景特征主要包括高管成员的年龄大小、性别、担任高管任期、受教育水平、专业背景、任职经历、整体特征以及高管成员的持股状况等统计学特征。Hambrick 于 1994 年提出高管团队的行为整合概念，在此之前的十余年，国外学者针对高管团队的研究大都集中在人口背景特征上。这是因为人口背景特征便于统计,并且根据社会分类理论和社会认同理论,这些特征可以简约客观地体现高管团队对组织的影响。

姚振华和孙海法(2011)分析了高管团队人口背景特征对企业绩效的影响,得出沟通频率在二者之间起到了中介变量作用的结论,认为,高管团队男性比例越高、平均年龄越低、任期越长、受教育水平越高、异质性程度越小,则沟通频率更高,从而组织绩效越高。韩静、陈志红和杨晓星(2014)通过区分企业产权性质的研究发现高管团队的平均年龄、任期、受教育水平对国有企业的会计稳健性和投资效率关系产生显著影响,而高管团队的任期、受教育水平对非国有企业的会计稳健性和投资效率产生显著影响。

2.4.2 高管团队的异质性

高管团队异质性的相关内容有三个方面:人的成长历史特征的角度、成员间矛盾关系的角度和整个团队所拥有的社会资源的角度。

高管团队的年龄结构会影响团队的工作效率和企业的盈利状况(Bantel 和 Jackson,1989;Wiersema 和 Bantel,1992;朱治龙和王丽,2004);刘兵等(2015)认为,高管团队的年龄和受教育水平是通过认知观念、价值观、经验等异质性作用于管理工作,而任期和职业背景直接与管理工作相关,并且认为年龄异质性程度越低,越利于成员间的相互沟通,异质性程度越高,价值观等差异就越大,越容易造成团队成员间的冲突而降低组织行动效率。不同受教育程度的成员之间教育经历的差异可能会对成员之间的沟通和企业绩效产生一定程度的影响(Smith,1994;Wright、Knight 和 Pomerleau,1999;孙海法等,2006)。团队成员在不同企业或者不同职位的工作历史会对整个团队的认知体系、整体观念的一致性和在工作中体现出来的倾向性产生作用（Hambrick，1994）。马富萍（2010）认为高管团队异质性源于成员的认知多样性，这种多样性让团队拥有更多的资源，从而有助于处理非结构化和创新性的问题，但是较大的差异性会导致团队成员间的冲突不可避免。所以，高管团队异质性对于团队有正面影响也有负面作用。欧阳慧、李树丞和陈佳（2004）认为，高管团队的认知冲突有助于决策质量的提高，但情绪冲突会降低高管团队的效率，从而影响企业的绩效。

2.4.3 高管团队的行为整合

高管团队是一个相互关联、相互作用的整体，从20世纪90年代中后期开始，学者们开始关注高管团队的动态行为整合，TMT行为整合包含了决策、参与、沟通、交流、相互协作等动态的过程变量，能够促使高管团队迅速做出决策。在信息与环境迅速转变的时代，TMT行为整合程度越高，团队的信息交流越畅通，信息传播与分享越及时有效，越有利于企业迅速做出相对正确的决策，而最终的输出结果为绩效。因此这类研究的重点在于团队的决策制定和运作实施过程对组织生产能力和盈利能力的影响。

TMT行为整合主要受到企业、团队、个人三个维度的影响，目前的相关研究主要集中在企业和团队层面。从企业层面上分析，古家军（2009）认为TMT行为整合的四个维度——沟通频率、信息分享、决策参与、合作行为分别对企业战略决策速度和公司绩效产生积极影响。姚振华和孙海法（2009）将TMT行为整合分为决策参与、开放沟通、团队合作三个行为维度，并且研究发现TMT异质性与行为整合显著负相关。从团队层面上分析，团队的信任是团队建设发展的基础，姚振华和孙海法（2010）研究发现，信任程度会影响团队成员的合作关系以及战略决策，信任水平与 TMT 行为整合水平显著正相关。除了团队信任，团队认知特征也会对行为整合产生影响，姚振华和孙海法（2009）通过测量发现处于不同行业和不同发展阶段的行为整合的决策参与、开放沟通、团队合作水平会存在差异。同样，TMT 行为整合的结果会影响企业绩效，田瑞岩（2014）实证研究得出，TMT 行为整合在企业双元能力的促进作用下对企业长短期绩效水平的提升有明显的促进作用。

2.5 高管团队、战略变革方式、技术创新方式之间的相互影响

高管团队、战略变革方式与技术创新方式三者之间存在相互影响作用，本节主要分析三者之间的相互关系和影响，为后续的研究提供思路和参考。

2.5.1 高管团队对战略变革的影响

企业的战略决策以及战略变革主要由高层管理团队决定，而管理决策本质上是决策者面临内外部情境时的主观选择过程，在这个过程中个人理性与团队理性相互作用，所以高管团队深刻影响着战略变革，目前相关研究主要是基于 Hambrick 和 Mason（1984）提出的高阶理论（Upper Echelons Theory）及 Jensen 和 Meckling（1976）提出的代理理论（Agency Theory），有的学者将两个理论结合称为"综合理论"，分析其对高管团队与战略变革关系的影响，综合理论除了涵盖 TMT 的认知与感知能力、价值观，还同时考虑了由于 TMT 各成员在企业治理结构中所处的不同位置造成的决策差异（杨林和芮明杰，2010）。

高阶理论的研究重点在于高管团队异质性和人口背景特征对企业战略变革的影响，TMT人口背景特征和异质性主要通过团队成员的年龄、任期、任职经历、教育背景、性别方面影响战略变革实施过程的速度和成本、风险承担能力、决策过程和治理结构等（徐强等，2009）。代理理论的研究主要从管理者个人角度考虑，认为高管在企业治理结构中所处的位置会对战略制定产生影响，高管团队通过对内外部环境、资源和资金等因素的过滤与综合性分析，规划出企业的战略，相关研究主要为TMT的年龄、任期、受教育水平。①年龄及其异质性。在这些特征与异质性方面，年龄代表了管理者所积累的阅历，对风险的不同感知和承受能力，冒险的精神等。许多研究表明，随着年龄的增长，认知能力会下降，对新事物的接受和尝试能力普遍降低，所具备的冒险精神也会下降，做决策前思虑较多。因此，比较年长的管理者会倾向于规避风险，而相对年轻的管理者会偏好于选择高风险高收益的战略与决策（Hambrick和Mason，1984；陈传明和孙俊华，2008），并且更倾向于实施战略变革（Wiersema和Bantel，1992；黄旭等，2013）。一个管理者可以影响企业经营状况，由多个管理者组成的高管团队对企业作用效果更为明显。张平（2005）研究表明，在企业绩效下滑状态下，TMT年龄异质性程度与企业战略变革程度显著正相关。年龄差异越大，TMT成员具备的知识面和资源更加广泛。②任期及其异质性。年龄代表管理者的阅历，而TMT任期则代表了团队自身的建设、成熟度、相互了解程度、冲突与合作等各方面。任期较长的团队成员彼此之间更加了解，沟通与合作会更加便捷，信息在团队中的传播渠道畅通，这样的团队相对更加稳定且拥有更强的凝聚力（杨林和芮明杰，2010）。同样地，任期越长，则团队成员的同质性程度会越高，关系稳定的团队少有机会变革，任期短且异质性高的TMT应变能力更强，国内学者黄旭等通过对我国上市公司的研究发现，企业战略变革倾向和变革程度与年龄和任期显著负相关（黄旭等，2013）。③受教育水平及其异质性。受教育水平同样可以反映管理者的认知和价值观，同时涵盖了他们对事物的掌控和执行力度。国外研究表明，TMT 成员的受教育水平越高，组织更倾向于实施战略变革（Wiersema 和 Bantel，1992）。国内学者徐强等认为 TMT 的异质性特点通过作用于 TMT 对内外部变革的接受程度、风险的承受意愿、战略多元化观点的关注度来影响 TMT 的战略决策。因此，TMT 的异质性背景会在一定程度上促进战略性组织变革（徐强等，2009）。④性别。除了对人口背景特征以及异质性方面的研究，国外学者 Boden 和 Nucci（2000）注意到性别会对企业的经营决策造成影响，不同性别的企业家对风险的感知、对目标的追求以及战略的关注会有较大差异。从代理理论的角度出发，在资源和社会关系方面，我国学者胡荣和胡康（2007）认为，不同性别的利益相关者在社会交往中往往会呈现不同的特征。而陈传明和孙俊华（2008）研究发现，受到环境与文化的影响，男性企业家可以从社会交际网络获取更多的资源及支持，从而使企业更倾向于采取多元化经营。

　　高层管理团队的异质性在不同的方面对企业战略决策产生积极的影响。第一，异质性的程度决定了团队所拥有的决策信息的数量与质量；第二，不同的教育与职业背景能在企业进行战略决策时为其提供需要的专业知识与技能；第三，异质性的程度越高，表明团队拥有的阅历、经验越具有多样性，越能帮助企业辨别内外部环境状况。但是，TMT 对企业战略变革的作用还有很多内在的机理，比如 TMT 会影响企业的绩效，也会影响企业的技术创新决策，而战略变革又能影响技术创新，所以关于两者关系的研究还有许多黑箱没有被打开。企业在进行两者关系的研究时，不能得出绝对化的结果，需要充分考虑企业所处的内外部环境、所面临的绩效状况、所处的行业状况、企业的生命周期等。

2.5.2 高管团队对技术创新的影响

黄春雪和韩静（2012）认为，高管团队与技术创新的关系可以分为直接效应、中介效应和情境效应三个方面。本书根据高阶理论、代理理论将高管团队对技术创新的影响的研究从 TMT 特征与异质性、治理结构、动态运作过程三个方面展开。

首先是基于高阶理论的 TMT 特征与异质性对技术创新的直接影响，这方面的研究成果主要包括：①高管团队年龄。国外主要的研究认为，TMT 的平均年龄越大，管理者越不愿意冒风险，他们更倾向于采取保守的战略与策略，所以不利于技术创新，而年龄较小的管理者更具冒险精神，愿意让企业变革并进行技术创新（Bantel 和 Jackson，1989；Dechow 和 Sloan，1991；Barker 和 Mueller，2002）；国内学者研究发现，年龄的不同导致高管对职业前景预期不同，年轻的高管拥有更长远的职业规划，在可预见技术创新收益的未来更愿意进行技术创新投入（郑钰佳和吕沙，2015；郭葆春和张丹，2013；马富萍，2010）。②高管团队任期。有的学者认为，由于技术创新投入与回报之间的周期较长，任期越长的管理者经验越丰富，对公司的了解和掌握越深刻，越能够全面地分析风险和机遇。任期越长的 TMT 越倾向于制定类似技术创新的长远决策，因此可以认为 TMT 任期与技术创新（投入）显著正相关（Barker 和 Mueller，2002；郭葆春和张丹，2013）。但同时也有学者研究发现，较长的任期会导致管理者运用固定且风险较小的方式经营企业，不愿意冒险进行技术创新，所以任期短的高管不安于现状，倾向于积极改革（郑钰佳和吕沙，2015；马富萍，2010）。③受教育水平。目前大部分学者的研究成果都显示，受教育水平越高的管理者对事情的认知复杂性越高,接受新事物的能力、学习能力、环境适应能力越强,管理者更愿意实施创新战略,所以受教育水平与技术创新显著正相关(Bantel 和 Jackson,1989;马富萍,2010;郭葆春和张丹,2013;郑钰佳和吕沙,2015)。

关于两者关系的研究有的学者关注到了中介变量,目前的相关研究主要是基于代理理论的高管团队治理结构中持股比例、信任、女性参与、权力不平等等中介因素对技术创新的影响。马富萍和李太(2011)通过对资源型上市公司高管持股比例与技术创新的研究发现,TMT 持股显著影响技术创新,持股比例越高,TMT 与股东之间利益冲突越小,则越有利于促进技术创新。施建军等(2015)研究发现,信任是一种个人和团体的心理模式,决定了团队的工作关系、效率等,在 TMT 异质性的调节作用下,TMT 的工作导向信任让管理者倾向于选择颠覆式创新战略,基于关系导向信任的团队管理者求稳,因而更倾向于选择继承式创新。目前有的学者注意到了 TMT 中女性成员越来越多,曾萍和邬绮虹(2012)分析了不同行业和不同情境因素调节作用下的女性参与对企业技术创新的影响,研究发现,女性参与高管团队能够强化人力资本,进而能够促进企业进行技术创新。卫旭华、刘咏梅和岳柳青(2015)也认为,女性高管越多,企业的创新力度越大,同时他们整合了组织等级理论和团队断层理论,研究发现 TMT 权力不平等在中国文化的影响下促进了较高的任务型断层强度,进而导致企业产生较高的创新强度。

除了直接效应和中介效应外,还有学者从团队的动态运作过程方面分析 TMT 对技术创新的影响,这方面的研究成果主要有团队合作方式、团队冲突管理、认知风格及高管创新能力等。马富萍和郭晓川(2010)认为,TMT 异质性导致团队成员认知多样性,因此将多样性的冲突转换为具有建设性的合作型冲突，就能够正向调节 TMT 异质性对技术创新的促进作用。企业的高管团队拥有不同的个人偏好感知以及信息处理方式，石盛林等（2011）通过对中国制造业的实证研究发现，分析性认知风格的团队的信息感知和处理方式让 TMT 倾向于选择工艺创新，创造型认知风格的团队则偏好于选择产品创新，TMT 认知风格对技术创新产生影响并进而影响企业绩效。

2.5.3　战略变革对技术创新的影响

目前关于战略变革方式对技术创新方式影响的直接研究较少，相关研究主要集中在战略对技术创新方式的影响上。学者们还没有关注战略变革对技术创新主体和内容的影响，但是有的学者研究了组织变革对技术创新效率、绩效、体系的影响。刘从九（2003）提出为了让企业的技术创新更有效率，必须进行相应的组织结构变革的观点。王一鸣和王君（2005）认为可以用组织变革方式带动技术创新。而有的学者在此基础上进一步研究了组织结构的变革对技术创新效率的影响机制，田辉（2012）研究发现，组织变革通过组织结构的分工协作、交流沟通以及激励等影响技术创新效率，认为企业的技术创新具有研发、应用、营销三个阶段，不同阶段具有不同的任务且效率不同，所以企业应该根据自身组织变革的特性决定提升技术创新在某一个特定阶段的任务效率，以此提高企业整体的技术创新效率。

除此之外，许多学者注意到企业的创新策略与竞争战略会产生相互作用，徐细雄等（2008）通过实验研究发现，基于竞争导向战略的企业在资源松弛的条件下会选择有利于企业长远发展的、竞争对手无法模仿的、具备核心竞争力的自主研发的技术创新方式。企业所制定的战略的根本目的是提升自身竞争力，帮助企业实现长远发展，而技术创新是提升企业竞争力的关键因素，但不是所有的企业都能够适合竞争战略，张惠琴和南毅（2011）研究表明，以降低成本为战略的企业更愿意使用合作创新的策略，从而阻碍企业实施独立创新的策略。所以可以发现，企业对战略方式的选择会影响其对技术创新方式的选择。

2.5.4 技术创新对企业绩效的影响

而关于技术创新与企业绩效关系的研究可以分为企业内部的影响与环境的影响。从企业内部的角度出发，技术创新与企业绩效的关系受到高管团队、管理层权力等影响，刘腾（2015）研究发现，TMT 年龄、教育背景异质性对技术创新投入与企业绩效起到负向调节作用，而职能背景异质性则起到正向的调节作用，企业技术创新投入越高，企业的绩效越好。胡明霞（2015）探讨了管理层权力对技术创新投入与企业绩效关系的影响，研究发现企业技术创新投入有利于企业绩效的提升，且声誉权力正向调节技术创新投入与企业绩效的关系，而结构权力由于决策自由度高、约束少、信息限制等原因对两者关系具有负向调节作用。也有的学者从外部环境影响的角度分析了技术创新对企业绩效的影响，陈守明和潘梅（2015）研究了在我国自主创新战略背景下，国有企业不同认知框架下创新战略对绩效的影响，认为企业为了获取更高的创新绩效，应该采用自主创新的框架。陈力田（2015）从环境适应的角度分析了企业技术创新能力（原创、集成、吸收能力）与创新绩效的关系，研究表明在环境动态性不断加剧的情况下，原创能力的边际产出增量>集成能力的边际产出增量>吸收能力的边际产出增量，该结论表明，面对复杂的环境，企业需要不断提升自身竞争力，只有这样才能保持优势和长远发展。无论是内部还是外部影响，企业都必须进行技术创新投入，不断提升技术创新能力，选择适合企业的创新战略，保持合理的组织结构,以此获得较高的绩效。

2.6 理论基础

本文借助高阶理论、代理理论、资源基础理论来解释战略变革对技术创新方式的影响。目前许多研究主要集中在单一情境下,而中国制造业面临着复杂的环境,因此综合以上几个理论,对于研究高管团队、战略变革、技术创新方式、绩效之间的相互作用关系更具有理论与实践意义。

2.6.1 高阶理论

高阶理论最早由 Hambrick 和 Mason 于 1984 年提出,该理论将人的有限理性作为研究的假设前提,在一个研究模型中加入高层管理者的特征、战略选择、组织绩效这三个变量,重点强调高层管理人员的人口统计学特征对管理者认知模式的作用,尤其是这种作用对组织绩效的影响。

基于高阶理论的研究重点在于高管团队异质性和人口背景特征对企业战略变革的影响,TMT 人口背景特征和异质性主要通过团队成员的年龄、任期、任职经历、教育背景、性别等方面影响战略变革实施过程的速度和成本、风险承担能力、决策过程和治理结构等(徐强等,2009)。而代理理论则主要从管理者个人角度考虑,认为高管处在企业的治理结构位置,必然会对战略的计划与制定产生影响,高管团队通过对内外部环境等各方面因素的识别、筛选与综合性分析规划出企业的战略(王宇,2016)。Díaz-Fernández M. C. 等(2015)研究发现高管团队的特征会影响企业战略变革，并认为从不同层面分析战略，这种影响方式也会有所不同。

2.6.2 代理理论

委托代理理论（Principal-agent Theory）的代表性研究学者主要有威尔森、罗斯等国外学者，Jensen 和 Meckling 称其为代理理论（Agency Theory），并在代理理论的基础上形成了契约成本理论。

代理理论是由企业的资源提供者和使用者之间的一系列契约关系形成的，而这些代理关系能够反映企业经理人与企业所有者之间的矛盾，这些矛盾会影响企业的决策与战略制定，而这些决策就包含技术创新行为，技术创新行为会关乎企业绩效。

国内关于代理理论的研究起步较晚，大多数研究是构建代理理论模型，关于代理理论运用的范围也比较广泛，除了企业经营，其他学科领域也开始逐渐运用代理理论。王慧霞等（2010）认为，企业的经理人与所有者是资源互补的合作关系，并构建了双向委托代理模型。王炳文（2014）研究了委托代理理论视角下国有企业改革的问题，认为国有企业的代理关系中既包含政府机构又包含企业经营者，这种关系会让国有企业的改革状况更加复杂。

在关于代理理论的研究中，部分观点认为战略变革与技术创新之间是存在相互联系的，并且会影响企业的绩效。

2.6.3 资源基础理论

1984 年，Wernerfelt 提出资源基础理论（Resource-Based View），该理论认为企业拥有的无形的有形的资源都可以转变为其独特的能力，这种资源在企业之间是无法流动且难以复制的，这些独特的资源与能力是企业持久竞争优势的源泉。这种竞争优势的培养依靠企业创新的管理模式、优化的产品结构，也需要进行技术创新和提高生产记忆。其中，技术创新中最关键的环节是研发，而研发对资源的依赖性非常强，企业在进行研发过程中，会形成独特的技术并积累成异质性资源，帮助企业构建无法复制的核心竞争力。资源基础理论在技术创新理论与实证方面已经得到运用，Sampson（2004）基于资源基础理论，将交易成本与技术共享作为企业资源，研究发现，在交易成本的资源情境下，企业的研发倾向于采取建立合资企业的组织模式，但若在技术共享的资源情境下，企业则更倾向于运用合约的方式。

2.7 国内外文献评述

目前关于技术创新方式影响因素的研究已经概括了内生和外生因素，从组织内部的结构、战略、高管团队、资源、创新投入，到外部的市场环境、竞争状况、政府支持等，研究范围越来越广，所涵盖的行业也越来越多。而关于战略变革的研究目前主要集中在影响因素的研究上，所涉及的范围也越来越广，学者们从客观和主观的角度对影响因素都进行了比较全面的分析，越来越多的学者提出战略变革的主要决定者为企业高管团队，并以高阶理论和代理理论为基础，主要从高管团队的个人特征、能力、素质等方面做了比较多的研究；对于变革内容和过程的研究比较全面，而战略变革的另一个重要内容——变革速度与幅度的相关研究则较少，战略变革速度与幅度是测量变革效果最有效的两个方面，在未来的研究中，学者们可以更多地关注这两个方面的差异会给变革或企业的经营造成什么样的影响。

学者们已经关注到了战略对于技术创新方式的影响，但是较少有学者关注战略变革方式对技术创新方式的影响。在国有企业改革的大背景下，不同所有制企业都面临内外部环境不稳定的现状，越来越多的企业面临转型或是变革，所以企业进行战略变革的可能性也越来越大，而技术创新关乎企业的竞争优势，是企业盈利的制胜法宝，所以对两者关系的研究至关重要。战略变革的不同速度与幅度均可能会对技术创新产生作用，所以之后的研究可以更加关注企业在变革时期如何注重与调整技术创新，以及战略变革对创新方式的影响模式。

从以上关于技术创新以及战略变革影响因素的研究的文献综述中，可以得出高管团队对战略变革和技术创新均有影响，高管团队成员是战略变革的最高执行者、决策制定者，而战略变革同时影响着技术创新，学者从高管团队调节战略变革进而影响技术创新这一视角对三者的关系进行分析，但是容易忽略高管团队对技术创新的影响，目前，关于高管团队与战略变革的研究，有的学者将高管团队当作中介变量，研究不同CEO类型对高管团队的影响（刘新民等，2013）。

另外，我们发现企业的资源对技术创新和战略变革均有影响，越来越多的学者注意到了企业的资源弹性、资源分配以及利用状况对企业绩效、经营状况、技术创新、战略的影响，今后学者对战略变革和技术创新两者的研究也可以从资源的角度进行深入分析。

3 研究设计

3.1 本书的概念模型

本书根据已有的文献,以"战略—行为—绩效"这一范式为基础,以制造业为研究对象,研究在高管团队人口背景特征作用下,企业的战略变革速度与幅度对技术创新主体、方法的影响,以及不同的影响方式对企业财务绩效和非财务绩效产生的影响,并做出了本研究的概念模型。如图 3-1 所示,根据文献综述,使用最能代表战略变革过程的速度

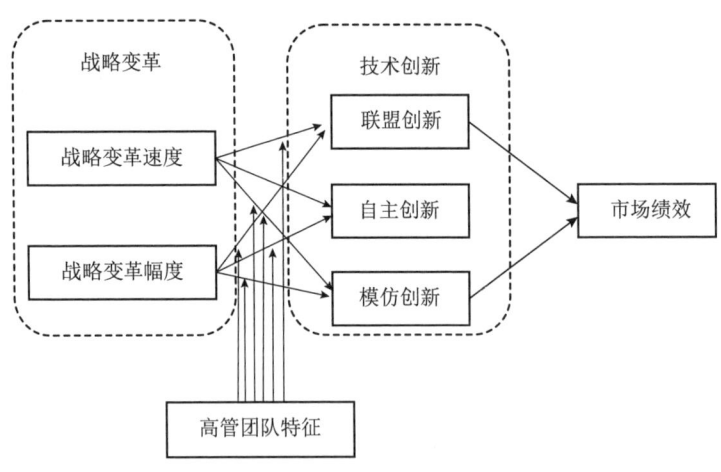

图 3-1 本书的概念模型

与幅度来测量战略变革方式，通过研究总结已有文献，将技术创新方式分为创新主体和创新方法，创新主体包含独立创新和联盟创新，创新方法分为自主研发、模仿创新和技术引进。将技术创新用联盟创新（王丽娜和朱欣民，2005）、自主创新和模仿创新（彭纪生和刘春林，2003）三个变量进行测量。

3.2 研究假设

根据文献综述和概念模型，我们可以做出六个基本假设：

3.2.1 战略变革过程对技术创新方式选择的影响

战略变革过程的两个重要因素分别是变革速度与幅度，变革速度分为响应速度与调整速度，变革幅度主要指变革时所涉及范围的广度和变革程度。研究指出，如果企业变革的时间过长或者变革幅度较小，则可能导致企业变革所涉及的范围较小，没有站在全局进行变革而导致变革不彻底，随着变革时间的延长，变革效果没有出现，导致企业长期无法实现经营绩效而承受次满意状态的经营成本，最终导致战略变革失败（于水，2012）。

赵志耘和杨朝峰（2015）认为，新经济时代下企业的战略转变速度不断加快，为了以更低成本、更高效率发展，企业应该由独立创新逐渐转变为多元主体共生的联盟创新。基于资源基础观，由于采取联盟创新所需要的时间和资源较多，而企业内部资源有限，所以需要与外部进行协调，借助其他企业，那么变革速度越快，企业越倾向于进行联盟创新；若企业变革速度较慢，则能给予技术创新较多的时间，而且组织结构、人力等各方面的调整也能与资源整合变革相适应,企业会倾向于优先采取自主研发的方式,为了获取长久的利益以及独家技术,企业则会倾向于选择独立创新。基于此提出假设 H1。

　　H1:战略变革速度与企业进行联盟创新相关。

　　H1-1:战略变革响应速度与企业进行联盟创新正相关。

　　H1-2:战略变革调整速度与企业进行联盟创新负相关。

　　技术创新需要企业制定全局性的战略,已有研究表明,不同的战略动机会影响企业对技术创新方式的选择(徐细雄等,2008),当企业进行战略变革时,战略动机有所不同,企业在困境中倾向于选择技术引进,在资源丰富的条件下倾向于选择自主研发。所以,根据资源基础观的组织内部资源状况,当企业对战略变革的响应速度越快时,企业越倾向于进行联盟创新,赵志耘和杨朝峰(2015)认为,新形势下企业的竞争主要围绕价值创造,与其他企业的联盟创新是为了提升企业自身的自主创新能力,响应速度越快,企业越倾向于选择自主创新。当企业在战略变革的过程中采取快速变革方式时,由于受资源、时间的限制,创新模式上会倾向于优先采取技术引进或模仿创新。基于此提出假设 H2。

　　H2:战略变革速度与企业技术创新方法选择相关。

　　H2-1:战略变革响应速度与企业进行自主创新正相关。

　　H2-2:战略变革响应速度与企业进行模仿创新负相关。

　　H2-3:战略变革调整速度与企业进行自主创新负相关。

　　H2-4:战略变革调整速度与企业进行模仿创新正相关。

　　企业变革幅度较小,意味着变革涉及范围不广,变革不够全面彻底,企业在创新模式上则倾向于选择技术引进或模仿创新,创新主体上倾向于选择独立创新;企业变革幅度较大,意味着企业在战略变革维度上的资源调整较大，企业在创新主体上倾向于选择联盟创新，创新模式上倾向于选择自主创新。基于此提出假设 H3 和 H4。

H3：战略变革幅度与企业进行联盟创新正相关。

H4：战略变革幅度与企业技术创新方法选择相关。

H4-1：战略变革幅度与企业选择自主创新正相关。

H4-2：战略变革幅度与企业选择模仿创新负相关。

3.2.2　高管团队、战略变革、技术创新方式之间的关系

在目前研究战略变革的学者中，大多数都会将高管团队作为前因变量、调节变量或者控制变量。由文献综述可知，高管团队对战略变革和技术创新都会产生影响，高管团队是战略变革和技术创新的决策者，所以本书将高管团队作为调节变量进行研究。其中，高管团队平均年龄越小，越具冒险和创新精神，受教育水平越高，对事物的掌握越好，执行力度越大，认知能力越高，越倾向于进行变革和创新；任期越长的高管团队越倾向于制定需要长远决策的技术创新和战略变革，女性参与能够强化人力资本和促进技术创新，性别差异也会让高管团队的资源和社会关系更丰富，让变革更易进行，据此提出假设 H5。

H5：高管团队在平均年龄、女性参与、平均任期、受教育水平等方面的情况，将调节战略变革对技术创新方式的影响。

3.2.2.1　高管团队年龄

高管团队的平均年龄越大，管理者越不愿意冒风险。他们更倾向于采取保守的战略与策略，在做出决策时把职业稳定性与短期报酬看作重要的考虑因素，所以不愿意进行周期长的战略变革和自主研发创新，进而会抑制企业进行技术创新。而年龄较小的管理者更具冒险精神，愿意让企业变革并进行技术创新（Bantel 和 Jackson，1989），据此，本书做

出如下假设：

H5-1：高管团队平均年龄调节战略变革对技术创新方式的作用。

3.2.2.2 高管团队女性参与

目前关于 TMT 中女性成员的研究分析越来越多，不同行业和不同情境因素调节作用下的女性参与对企业技术创新都会产生影响，女性参与高管团队能够强化人力资本，进而能够促进企业进行技术创新，女性高管更多的企业的创新力度更大（曾萍和邬绮虹，2012；卫旭华等，2015）。

H5-2：高管团队女性参与调节战略变革对技术创新方式的作用。

3.2.2.3 高管团队任期

TMT 任期较长的团队成员彼此之间更加了解，沟通与合作会更加便捷，信息在团队中的传播渠道更加畅通，这样的团队相对更加稳定且拥有更强的凝聚力（杨林和芮明杰，2010），但是任期越长意味着团队成员的同质性程度越高，关系稳定的团队少有机会变革。相关研究发现，较长的任期会导致管理者运用固定且风险较小的方式经营企业，不愿意冒险进行技术创新，而任期短的高管不安于现状，倾向于积极改革（郑钰佳和吕沙，2015；马富萍和李太，2011）。

H5-3：高管团队受任期调节战略变革对技术创新方式的作用。

3.2.2.4 高管团队受教育水平

国外研究表明，TMT 成员的受教育水平越高，组织越倾向于实施战略变革（Wiersema 和 Bantel，1992）。受教育水平越高的管理者对事情的认知复杂性越高，接受新事物的能力、学习能力、环境适应能力越强，管理者更愿意实施创新战略，所以受教育水平与技术创新显著正相关（Bantel 和 Jackson，1989；马富萍和李太，2011；王德应和刘渐和，2011；郑钰佳和吕沙，2015）。

H5-4：高管团队受教育水平调节战略变革对技术创新方式的作用。

3.2.3 战略变革方式和技术创新方式之间的适应性与企业绩效的关系

战略变革的速度和幅度会对企业的财务绩效产生影响。Baum 和 Wally（2003）研究得出，战略决策速度越快，企业成长及绩效越好。杨艳等（2015）得出了战略变革幅度与企业绩效为倒"N"型非线性关系以及战略方向调整与企业绩效为倒"U"型非线性关系的结论，这一结论也解释了为何有的研究结果为战略变革对企业绩效有负向影响，而有的研究则表明战略变革能够提升企业绩效；成功的技术创新能够使企业产品或服务满足客户需求并增加销量。陈守明和潘梅（2015）研究了在我国自主创新战略背景下，国有企业不同认知框架下创新战略对绩效的影响，认为企业为了获取更高的创新绩效，应该采用自主创新。

综上可知，企业战略变革与技术创新都会对绩效产生影响，而研究战略变革对技术创新影响的关键点就在于战略变革的速度和幅度不同，企业选择的技术创新方式能否适应组织，进而能否提升企业的绩效。适应性（Fit）被认为是管理行为与战略研究中的重要相关概念，它通过组织内部资源安排使企业达到与外部环境相协调的一种状态或过程，而基本的协调机制存在于战略与组织结构和管理过程之中（王宇，2007）。Venkatraman（1984）将适应性与企业的战略管理做了一个较为全面的概括，并认为适应性既包括组织与外部的适应，也包括组织内部的相互作用以及适应，外部适应主要是企业战略、运作与外部环境的适应性，内部适应主要是企业内在的战略、结构、技术、过程之间的适应，战略变革与技术创新的适应属于紧密适应的一部分，是企业获取杰出绩效的驱动力量（Miles 和 Snow，1984）。所以，本书做出如下假设：

H6：战略变革过程不同的企业，其在创新策略上的选择会对企业绩效产生影响。

3.3 变量设计

本书的变量主要包括战略变革、技术创新、市场绩效、高管团队人口背景特征，其中战略变革、技术创新、市场绩效采用问卷，收集数据并进行测量，问卷采用李克特七级量表，其中上市公司高管团队的人口背景特征从上市公司年报查询，非上市公司高管团队信息使用问卷调查、网络查询的方法获取或直接从该公司内部获取。问卷包含两大部分，共三个板块：第一板块为战略变革速度与幅度，第二板块为技术创新，第三板块为市场绩效。下面分别对各个变量的测量依据以及具体方案进行了阐述。

3.3.1 自变量

对于战略变革的设计，由于本书研究的是战略变革这一过程对技术创新的影响，且不同战略变革方式的战略变革过程始终是相通的，因此过程主要由速度与幅度来衡量。Bansal（2003）认为战略变革的过程需要由变化中所需要的资源、涉及范围、管理支持等方面来反映幅度，由制定和实施战略决策速度来反映战略变革速度，其作为战略性武器以及竞争优势源泉的重要作用（Greenwood 和 Hinings，1988；Eisenhardt，1990；Judge 和 Miller，1991）。受此研究启发，本书从速度和幅度两个方面度量企业战略变革。而 Rynes 等（2001）则进一步认为组织内部战略和结构、技术、产品和服务、文化四个方面的变革都具有战略意义。

因此，本书将自变量定义为：战略变革速度（X1），战略变革幅度（X2）。并且将从计划速度、决策速度、技术、人力资源管理政策、高管团队、组织结构设置、产品和服务等方面来测量战略变革速度；从技术、人力资源管理政策、高管团队、组织结构设置、产品和服务、变革涉及范围、变革参与人员等方面测量战略变革幅度（Wiersema 和 Bantel，1992；Boeker，1997）。关于战略变革的变量定义如表 3-1 所示。

表 3-1 战略变革速度与幅度

变量名	变量维度	操作变量	参考文献
战略变革速度	响应速度	计划速度 决策速度	Wiersema 和 Bantel（1992）；Boeker（1997）
	调整速度	技术、人力资源管理政策、高管团队、组织结构设置、产品和服务	
战略变革幅度	变革幅度	技术、人力资源管理政策、高管团队、组织结构设置、产品和服务、变革涉及范围、变革参与人员	

3.3.2 因变量

本书从创新主体和创新方法两个方面来衡量企业的创新方式，从创新主体上看，创新方式分为独立创新和联盟创新。独立创新是指企业依靠自身力量独立研究开发，攻克技术难关，获得新的技术成果，并完成技术成果的商业化过程。独立创新在市场上主要表现为产品创新，它可以使企业获得超额利润。但独立创新也存在很大风险，需要企业具有很强的研发实力、敏锐的市场洞察力和较强的风险承受能力等。联盟创新是指多家企业或是高校、科研机构等不同主体共同参与，以提高企业和产业技术创新能力与实现各联盟者利益为目标，而形成联合开发、互相制约、利益共享、风险共担的技术创新合作组织的一种创新方式，有的学者也称联盟创新为共生创新。赵志耘和杨朝峰（2015）认为目前经济环境透明、各主体相互依存，创新不再是企业的独立行为，通过与外界的合作互补，企业方能形成持续的创新能力。

从创新方法上看，创新方式分为模仿创新和自主创新。模仿创新是指通过学习、模仿、引进国内外的先进技术，在工艺、功能、材料、结构、应用等方面加以改进和革新，创造出新产品或新工艺。自主创新是指通过自主研发或与高校、科研机构合作，攻破先进技术难关，形成有价值的研究开发成果，并应用于产品的生产过程之中。通过自主研发获取先进技术，有利于形成核心技术，使企业处于较强的竞争地位，但自主创新需要较强的、综合的技术基础，投入高、周期长、风险大。同自主创新相比，模仿创新能节约时间成本和资源成本。

关于技术创新的变量定义如表3-2所示。

表3-2 技术创新

变量名	变量维度	操作变量	参考文献
技术创新	创新主体	独立创新、联盟创新	Gassiman（2000）；张广凤（2009）；彭纪生和刘春林（2003）
	创新方法	模仿创新、自主创新	

企业绩效运用的范围广泛，不同的研究领域都有各自的测量方式。本书从战略的视角出发，战略的终极目标是提升企业绩效，所以在进行战略变革与技术创新关系研究的时候，也必须要准确地对企业的绩效进行测量。绩效测量方式包括主观测量与客观测量，客观测量主要指会计数据，但客观数据的评价标准较难界定（王京伦，2016），且本书调研对象包含上市公司与非上市公司，所以在测量企业绩效时，我们参照Henard和Mcfadyen（2012）的测量方式，用市场绩效来测量企业的绩效。

关于市场绩效的变量定义如表 3-3 所示。

表 3-3 市场绩效

变量名	操作变量	来源
市场绩效	产品或服务独特性、期望值、市场占有率、领先地位、领先优势、质量、质量满意度、员工满意度、与外界关系	Henard 和 Mcfadyen（2012）

3.3.3 调节变量

从已有的文献研究可以发现，战略变革和技术创新主体、方法的选择都受到高管团队的影响。高管团队是制定企业战略的首要人力资本，因此研究高管团队的基本组成情况有利于观察企业高管团队对战略变革决策以及技术创新之间关系的影响作用，本书从高管团队人口背景特征着手，更为直观地进行分析。人口背景特征主要包含年龄、性别、任期、受教育水平等。关于高管团队成员的组成国内外文献均有提及，其中国外的高管团队研究中，组成成员主要为副总裁职位以上的经理或从 CEO 到高级副总裁职位的人员（Hambrick，1995）；国内上市公司高管团队成员需要参照中国特色社会主义市场经济这一体制，普遍研究认为高管团队成员主要包含董事长、总经理、总经理助理、总工程师、总会计师、总经济师、副总经理和各职能部门总监（孙法海、姚振华和严茂胜，2006），将董事长作为高管团队成员是因为在我国上市公司中，这一职位对企业的战略等各方面有着决定性的权力。

高管团队人口背景特征的相关资料主要从上市公司年报中收集。其中高管团队平均年龄取各成员年龄的平均值，各成员的年龄为测算年的实际年龄；高管团队受教育水平取各成员学历的平均值，首先将学历进行编码，不同层次的学历赋予不同的值，其中，1 代表学历为初中、高中、中学、中专、中技，2代表学历为大专，3代表学历为大学本科，4代表学历为硕士研究生，5代表学历为博士研究生，高管团队受教育水平用所有高管受教育程度的平均值表示；高管团队成员任期的计算方法与年龄相似，取各成员任期的平均值，各成员的任期通过成员进入高管团队的时间到测算年之间的差进行测量；高管团队女性参与特征采用女性高管占高管总人数的比率进行测量。

关于高管团队的变量定义如表3-4所示。

表3-4 高管团队

变量名	操作变量	来源
高管团队	年龄	主要以 Wiersema 和 Bantel（1992），Bantel 和 Jackson（1989），Boden 和 Nucci（2000），孙海法、姚振华和严茂胜（2006）等的研究变量作为本书变量的来源
	受教育水平	
	任期	
	女性参与	

3.3.4 控制变量

本书旨在考察制造业企业的战略变革过程对企业技术创新方式的影响，但这个影响过程除了变量自身、调节变量外，还会受到其他因素的影响，因此研究加入控制变量。

3.3.4.1 企业历史

企业历史可测量的属性主要是企业的年龄，企业年龄在一定程度上可以代表企业的生命周期，是企业效率与效力的综合表现（韩福荣，2001）。

3.3.4.2 资本规模

相关研究曾指出，规模与企业战略变化呈显著负相关关系（Grimm等，1993），也有研究指出，规模与企业战略之间没有关系（McCutchen，1993）。不同的研究具有不同的结果，因此本书加入资本规模作为控制变量，试图探究其对企业战略与技术创新的关系是否存在影响。其中资本规模以年末资产数的自然对数进行量化。

3.3.4.3 企业规模

对于企业规模这一控制变量，不同的研究采用不同测量方法，总的来说，主要为销售总额（Kelly 和 Amburgey，1991）、总资产（刘昉，2009）、员工人数（张平，2005）这三个方面。由于本书研究对象包含上市公司和非上市公司，因此采用员工人数这一简单的指标，员工人数涉及企业的人力资源管理，不同员工人数的企业在人力资源、技术创新方式、战略变革所传达的范围等方面均会产生差异。本书中，上市公司的员工人数由 Wind 数据库导出，非上市公司的一部分数据来源于该公司官网，一部分数据由直接询问该公司得到。

3.4 测量工具

本书选取的测量工具为问卷调查法。测量工具决定研究的可靠性、科学性与应用价值，由于本书的测量变量大多无法直接从企业公开的数据获得，且为了保证数据的全面性，尽可能多地收集数据，因此采用了最适合本书的问卷调查法。

本书的调查问卷设计如下：首先是前言部分，即企业的基本信息，主要包括公司性质、年末资产、成立时间、员工总数等方面，其次为相关研究变量的测量，最后一部分是对本书研究成果有意向了解的受访者的意愿及详细的通信地址，以便成果完成后与受访者分亨本研究问卷调查相关报告的结果。

表 3-5 调研问卷基本内容（初始问卷）

序号	调研内容	测量项个数
1	企业基本信息	4
2	企业战略变革速度	7
3	企业战略变革幅度	7
4	技术创新行为	1
5	联盟创新	4
6	模仿创新	4
7	自主创新	4
8	企业绩效	10

在进行问卷设计时，本书设计了两道反向变量题，分别在技术创新的联盟创新与模仿创新中，以此验证问卷的可靠性与填写的有效性，并在正式的统计分析中，进行了反向数据的调整。

为了测度相关的研究变量，设计出了关于战略变革、技术创新、市场绩效的初始问卷（见附录 A1），问卷所收集的数据的合理性依赖于问卷设计的科学性，为了对问卷的质量进行检测，在正式进行大规模发放问卷之前，本书先进行了小范围的预调研，其目的在于分析问卷的语言表述是否清晰明确、问题设置是否合理。

预调研的被调查者主要是在校老师以及在企业工作的管理人员，预调研总共发放了 60 份问卷，回收了 40 份问卷，根据反向测量题 LI4、MI1，问卷填写不完整，企业未进行过战略调整，企业没有采取技术创新活动，不属于制造企业这五个标准，删除无效问卷 9 份，最终得到有效问卷 31 份。预调研问卷发放与回收的情况，如表 3-6 所示。

表3-6 预调研问卷发放与回收

发送方式	方法问卷（份）	回收问卷（份）	有效问卷（份）	回收率（%）	有效率（%）
在校老师	12	7	6	58.3	85.7
管理咨询	13	9	8	69.2	88.9
亲朋好友	17	11	8	64.7	72.7
企业工作人员	18	13	9	72.2	69.2

3.4.1 信度检验

量表的信度与效度水平决定数据分析的最终质量，本书所采用量表大多参照已有文献进行修改和调整，由于修改幅度较大，因此需要对量表的信度与效度进行检验，以保证后续数据分析的有效性和准确性。

本书的问卷采用李克特量表法，其常用的信度检验方法为克朗巴哈 α 信度系数（Cronbach's Alpha）和折半信度法。克朗巴哈 α 信度系数是目前最常用的信度系数，适用于态度、意见类量表问卷的信度分析。折半信度法是将测量项目按奇偶对半划分，分别算出相关系数，再据此确定整个测量的信度系数。

为了测量每个题项所代表的变量的稳定性和可靠性，本书用 Cronbach's Alpha 值来测量信度，用 CITC 值（校正的项总计相关性）删除问卷中不符合要求的问题，为进行正式调研打下基础，提高调研的质量。其中 Cronbach's Alpha 值应该大于 0.7，CITC 值应大于 0.4，否则就应该删除该测量题项。本书对战略变革、技术创新、市场绩效的各个变量维度进行信度分析，结果如表3-7、表3-8、表3-9所示。在预调研初始分析中，战略变革幅度中操作变量 R7 和联盟创新中操作变量 LI4

的 CITC 值未大于 0.4，因此在分析中删除了这两个问题。

表 3-7 中已经删除了初始设置问题 R7，原因是包含 R7 的信度分析中 R7 的 CITC 值只有 0.169，因此将其删除后做了信度检验，其余变量的 CITC 值均大于 0.4，所以保留。战略变革速度和幅度的 Cronbach's Alpha 值均大于 0.7，证明这一部分问卷的题项所代表的变量有较高的信度。

表 3-7 战略变革量表的 Cronbach's Alpha 值和 CITC 值

变量维度	题项	Cronbach's Alpha 值	CITC 值	删除该项后的 Cronbach's Alpha 值
战略变革速度	S1	0.782	0.614	0.802
	S2		0.488	0.819
	S3		0.547	0.811
	S4		0.736	0.777
	S5		0.593	0.803
	S6		0.650	0.794
	S7		0.427	0.832
战略变革幅度	R1	0.805	0.552	0.779
	R2		0.504	0.787
	R3		0.585	0.769
	R4		0.580	0.771
	R5		0.639	0.757
	R6		0.530	0.782

表 3-8 技术创新量表的 Cronbach's Alpha 值和 CITC 值

变量维度	题项	Cronbach's Alpha 值	CITC 值	删除该项后的 Cronbach's Alpha 值
联盟创新	LI1	0.856	0.687	0.837
	LI2		0.667	0.855
	LI3		0.850	0.675
模仿创新	MI1	0.799	0.628	0.742
	MI2		0.549	0.782
	MI3		0.617	0.746
	MI4		0.658	0.726

续表

变量维度	题项	Cronbach's Alpha 值	CITC 值	删除该项后的 Cronbach's Alpha 值
自主创新	ZI1	0.914	0.892	0.856
	ZI2		0.907	0.851
	ZI3		0.761	0.904
	ZI4		0.671	0.931

表 3-8 为技术创新量表的信度，在技术创新方式的信度分析中，第一次分析时 LI4 的 CITC 值小于 0.4，因此将 LI4 删除后再做一次信度分析，其中 MI1 经过反向处理（后续分析均做此处理），可见各变量的 Cronbach's Alpha 值均大于 0.7。

表 3-9　市场绩效量表的 Cronbach's Alpha 值和 CITC 值

变量维度	题项	Cronbach's Alpha 值	CITC 值	删除该项后的 Cronbach's Alpha 值
市场绩效	P1	0.918	0.718	0.909
	P2		0.798	0.904
	P3		0.707	0.909
	P4		0.731	0.909
	P5		0.807	0.903
	P6		0.779	0.906
	P7		0.691	0.910
	P8		0.581	0.916
	P9		0.670	0.912
	P10		0.493	0.921

表 3-9 为市场绩效量表的信度分析，Cronbach's Alpha 值为 0.918，各变量的 CITC 值均大于 0.4，信度较好。

3.4.2　效度检验

效度（Validity）即有效性，它是指测量工具或手段能够准确测出所需测量的事物的程度。效度分为三种类型：内容效度、准则效度和结构效度。效度分析有多种方法，其测量结果反映效度的不同方面。结构效度是指测量结果体现出来的某种结构与测量值之间的对应程度。结构效度分析所采用的方法是因子分析。有的学者认为，效度分析最理想的方法是利用因子分析测量量表或整个问卷的结构效度。本书采用的变量收集方法是量表法，所以使用结构效度分析。

预调研调查结束后，本书将调研数据输入 SPSS 软件，进行探索性因子分析与验证性因子分析，检验问卷所设置的各变量的归属关系。信度分析中已经删除了 R7 与 LI4，所以探索性因子分析中不再纳入这两个问题的数据。

先进行探索性因子分析。本书采用 SPSS17.0 对样本数据进行 KMO 和 Bartlett 检验，结果如表 3-10 所示。

表 3-10 探索性因子分析结果

变量	题项	成分								累计解释方差率（%）	KMO
		1	2	3	4	5	6	7	8		
战略变革速度	S1		0.836							68.75	KMO = 0.715 Sig. = 000
	S2		0.909								
	S3	0.671									
	S4	0.816									
	S5	0.763									
	S6	0.784									
	S7	0.769									
战略变革幅度	R1			0.652						48.31	KMO = 0.689 Sig. = 000
	R2			0.707							
	R3			0.680							
	R4			0.815							
	R5			0.861							
	R6			0.116							

续表

变量	题项	成分								累计解释方差率（%）	KMO
		1	2	3	4	5	6	7	8		
联盟创新	LI1				0.949					75.67	KMO=0.610 Sig.=000
	LI2				0.864						
	LI3				0.761						
模仿创新	MI1					0.786				62.46	KMO=0.610 Sig.=000
	MI2					0.768					
	MI3					0.793					
	MI4					0.816					
自主创新	ZI1						0.910			81.01	KMO=0.610 Sig.=000
	ZI2						0.919				
	ZI3						0.734				
	ZI4						0.616				
市场绩效	P1							0.814		76.178	KMO=0.785 Sig.=000
	P2							0.939			
	P3							0.907			
	P4							0.786			
	P5							0.734	0.460		
	P6							0.731	0.472		
	P7							0.428	0.681		
	P8								0.900		
	P9								0.757		
	P10								0.856		

从表 3-10 中的探索性因子分析结果可知，删除战略变革中因子载荷不高的 R6（变革涉及部门和业务广）以及在两个因子成分中载荷都超过 0.4 的 P5（与主要竞争对手相比，新产品/服务在技术或市场上的领先地位能够持久）、P6（上述新产品/服务领先时间能够满足企业要求）、P7（与主要竞争对手相比，产品/服务质量更好），问卷的内部一致性会更好。

分析结果将战略变革速度和市场绩效数据聚合为两个成分，战略变革速度中聚合结果与研究假设一致，将战略变革速度分为调整速度和响应速度，市场绩效的聚合结果与其他学者研究中的状况相类似，所以在接下来的结构分析当中，将市场绩效分别命名为新产品开发绩效、管理绩效（王宇，2007）。

在完成了探索性因子分析后，接下来进行验证性因子分析。本书采用 AMOS22.0 来进行验证性因子分析。图 3-2 为战略变革速度、战略变

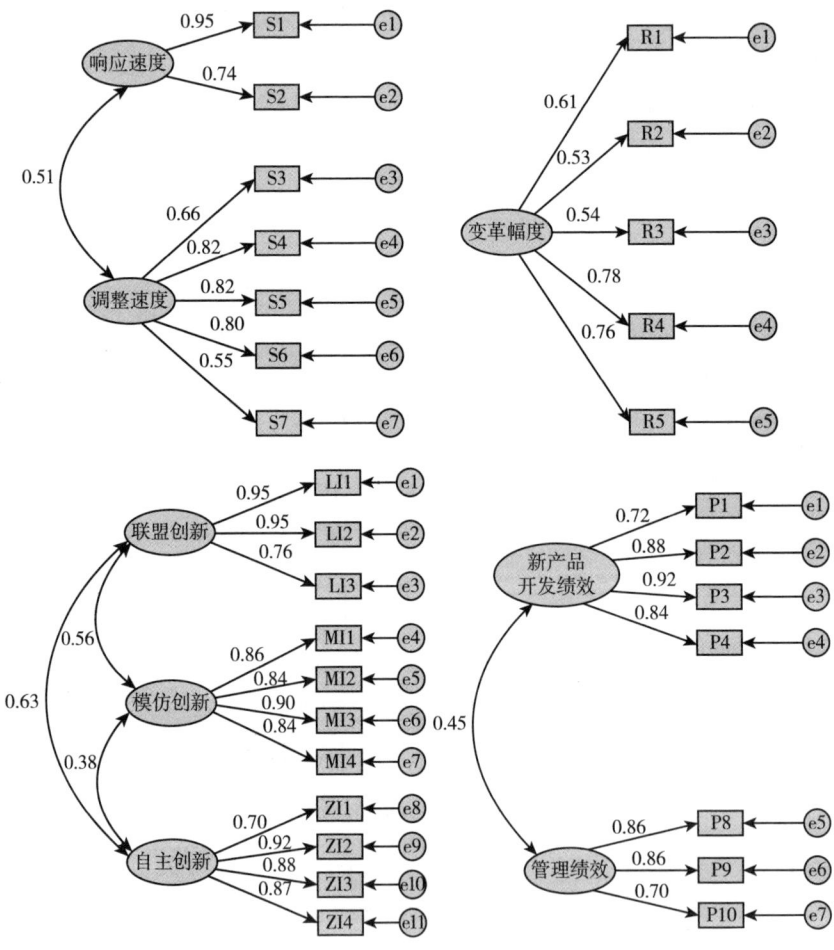

图 3-2　验证性因子分析结果

革幅度、技术创新方式、市场绩效的验证性因子分析结果。

3.4.2.1 战略变革速度

上述的探索性因子分析将战略变革速度分为响应速度与调整速度两个因子，然后进行验证性因子分析，其中拟合指标 SRMR = 0.0598，小于 0.8；χ^2/df = 1.293，小于 2；GFI = 0.862，大于 0.8；CFI = 0.955，大于 0.9；RMSEA = 0.099，小于 0.1，且每一个变量的因子载荷都在 0.5 以上。所以，我们认为将战略变革速度分为响应速度与调整速度效果比较好。

3.4.2.2 战略变革幅度

战略变革幅度拟合为一个潜变量，每个测量指标的因子载荷量都在 0.5 以上，拟合指标 SRMR = 0.0893，小于 0.9；χ^2/df = 1.727，小于 2；GFI = 0.904，大于 0.9；CFI = 0.900。所以，我们认为战略变革幅度的观察变量可以有效拟合潜变量。

3.4.2.3 技术创新方式

在技术创新方式三个维度的验证性分析中，每个测量指标的因子载荷量都大于 0.7，效度较好。拟合指标中，SRMR = 0.0813，小于 0.9；χ^2/df = 1.598，小于 2；GFI = 0.863，大于 0.8；CFI = 0.958。整体来看，技术创新方式的聚敛效度较好。

3.4.2.4 市场绩效

市场绩效包含两个潜变量，每个测量指标的因子载荷量都在 0.7 以上，拟合指标 SRMR = 0.0815，小于 0.9；χ^2/df = 2.220，小于 3；GFI = 0.807，大于 0.8；CFI = 0.882。

3.4.3 正式量表确定

根据预调研问卷的预处理，删除了战略变革幅度的第 6、第 7 题，联盟创新的第4题，市场绩效的第5、第6、第7题，在经过处理之后正式展开大规模调研。删除这几个变量后，对问卷进行重新编码。问卷的题目描述已在上文阐述，每个题目采用1、2、3、4、5、6、7级评分，1代表非常不同意，7代表非常同意。

3.4.4 样本数据收集

3.4.4.1 数据收集

预调研完成后得到正式问卷，采用大规模的问卷调查得到一手数据。

由于本书的研究变量为战略变革与技术创新方式，根据文献综述可知，这两个变量的直接相关者为高管团队，所以本书的调研对象为企业的高层管理人员。本书调研对象包括制造企业的上市公司和非上市公司，为了控制数据的信度、一致性、可靠性，所有问卷全部以邮件的方式发出与收回。其中上市公司的调研数据收集主要通过 Wind 资讯获取公司的联系方式，选取的是制造企业中的1400多家上市公司，通过电话方式联系上市公司的董事会秘书、总经理等高层人员。非上市公司则通过发掘人脉资源向制造企业发送问卷，直接联系该公司的总经理、副总经理等。从2016年4月到2016年9月问卷调研持续进行了5个月，问卷填写人员主要为公司高层管理人员，每家公司由一名高管成员填写问卷，高管成员主要为董事长、董事会秘书、总经理、副总经理等。

正式调研总共发出问卷463份，其中上市公司387份，回收问卷92份，回收率为24%，非上市公司76份，回收问卷61份，回收率为80%。问卷的筛选标准为：①根据MI1的反向问题，结合MI2、MI3、MI4的填写情况，如果问卷的回答前后矛盾，则认为该问卷为无效问卷；②去掉没有经历过战略变革的企业所填写的问卷；③技术创新的第一个问题测量企业是否经常开展技术创新活动,若该公司的回答得分为1~2分,证明该公司没有技术创新活动,则剔除该问卷;④如果问卷没有填写完整,则删除该问卷;⑤删除相似度过高的问卷。经过这五个标准的筛选,上市公司问卷剔除3份,剩余有效问卷89份,非上市公司问卷剔除20份,剩余有效问卷41份,有效问卷共计130份。

3.4.4.2 样本基本情况

本书从受访者所在企业的企业性质、企业年龄、企业规模进行样本基本情况统计(见表3-11)。

表3-11 企业性质、企业年龄、企业规模情况

项目	类别	样本数	占比(%)
企业性质	国有企业	72	55.38
	民营企业	46	35.38
	三资企业	12	9.23
企业年龄	10年及以下	10	7.69
	11~20年	62	47.69
	20年以上	58	44.62
企业规模	1万人及以上	10	7.69
	5000~9999人	16	12.31
	1000~4999人	54	41.54
	1000人以下	50	38.46
资本规模	10亿元以上	31	23.84
	1亿~10亿元	78	60
	1亿元以下	21	16.15

从企业性质可以看出，大多数企业是国有企业，民营企业比例高于1/3，三资企业占比较少。以企业员工的数量来衡量企业规模，从样本结果可以看出，大多数企业规模在1000~4999人，只有少数企业的人数达上万人。而从企业年龄可以看出，除了少数企业的年龄在10年以下，大多数企业年龄都较大，这也与本书要进行战略变革研究的内容相符，毕竟，年龄越大，历史越久，做出战略变革的可能性就越大。

此外，在正式调研过程中，从问卷的发放到最终的回收历时长达5个月，在2016年5月底我们已经完成了第一轮问卷发放，但问卷的回收情况不理想。6月我们便与发放出去但迟迟未得到回复的调研对象进行了联系，并同在第一轮调研中未联系上的少量调研对象进行了再次联系，回收了部分数量的问卷。7月开始，我们就只对前期答应填写问卷但一直未回复的调研对象进行反复提醒与催促，最终陆续收回部分问卷。由于问卷回收历时较长，根据调研的过程，我们将回收的样本分为前期回收问卷、中期回收问卷、后期回收问卷三组，考虑到不同阶段回收问卷填写者的心理等方面因素的变化会影响问卷填写的客观性。我们对其进行了方差分析，以判断不同阶段回收问卷的各题项间是否存在显著差异。分析结果显示，不同时期回收的问卷在各题项上均不存在显著性差异，因此排除了回收时期会对数据分析造成影响的可能性。分析数据请见附录A2。

4

战略变革方式对技术创新方式影响的实证研究

本章首先建立战略变革速度、幅度与技术创新方式的多元回归方程,其次分析高管团队对这种关系的调节作用。

4.1 各变量相关性分析

在进行多元回归方程分析前,需要对各变量之间的相关关系进行分析,结果如表 4-1 所示。

表 4-1 战略变革、技术创新与高管团队有关变量的相关系数和判别度

变量	调整速度	响应速度	变革幅度	联盟创新	自主创新	模仿创新	平均年龄	女性参与	平均任期	受教育水平
调整速度	1									
响应速度	0	1								
变革幅度	0.093	0.234**	1							
联盟创新	-0.071	0.424**	0.414**	1						
自主创新	-0.108	0.413**	0.313**	0.520**	1					
模仿创新	0.130	0.028	0.143†	0.316**	0	1				

续表

变量	调整速度	响应速度	变革幅度	联盟创新	自主创新	模仿创新	平均年龄	女性参与	平均任期	受教育水平
平均年龄	-0.080	0.037	0.028	0.100	0.036	-0.097	1			
女性参与	-0.029	-0.162†	-0.063	-0.169*	-0.274**	-0.023	-0.075	1		
平均任期	-0.114	0.050	-0.064	0.089	0.157†	-0.139	0.321**	0.014	1	
受教育水平	-0.188*	0.086	-0.035	0.250**	0.144†	0.043	0.404**	0.133	0.278**	1

注：①样本容量 n=130。②经过双侧检验，***表示 $P<0.001$，**表示 $P<0.01$，*表示 $P<0.05$，†表示 $P<0.1$。

从表 4-1 可以发现，调整速度与变革幅度和模仿创新呈正相关关系，与其他变量都呈负相关关系。响应速度与技术创新方式的三个变量均为正相关关系。变革幅度与技术创新方式的三个变量在显著性水平 0.1 及更高的标准下呈正相关关系。技术创新方式的三个变量——联盟创新与自主创新、模仿创新两两之间均为正相关关系。从表 4-1 还可以发现，平均年龄与调整速度、模仿创新呈负相关关系，与响应速度、变革幅度、联盟创新、自主创新呈正相关关系；女性参与与所有变量均呈负相关关系；平均任期与调整速度、变革幅度、模仿创新呈负相关关系，与响应速度、联盟创新、自主创新呈正相关关系；受教育水平与调整速度、变革幅度呈负相关关系，与响应速度、自主创新、模仿创新呈正相关关系。

4.2 战略变革方式对技术创新方式影响的初步分析

根据第 3 章各变量的信度分析、效度分析、验证性因子分析以及本章相关分析结果，证明了变量之间存在相关关系，本章将对各变量之间的关系进行进一步的探索，建立多元回归模型。

4.2.1 多元回归适用性分析

回归分析作为目前被广泛运用的统计学模型，有着非常严格的适用条件，在进行正式模型构建之前，有必要进行基础分析。本书主要通过异方差检验、共线性诊断来进行适用性判断。

4.2.1.1 异方差检验

本书使用残差散点图进行异方差检验，从图4-1可以看出，变量的各个点随机分布，没有呈现出规律性，所以可以判断不存在异方差问题。

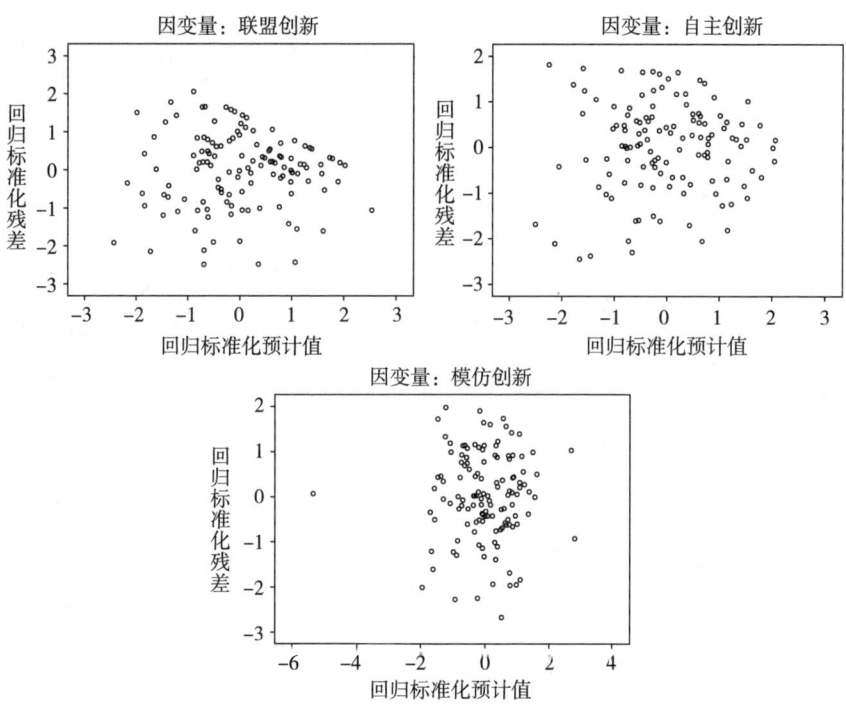

图4-1 技术创新方式的残差散点图

4.2.1.2 共线性诊断

表 4-2 为控制变量和解释变量共线性诊断的方差膨胀因子。

表 4-2 解释变量的方差膨胀因子

变量		方差膨胀因子（VIF）
控制变量	资本规模	3.467
	企业规模	3.446
	企业年龄	1.036
解释变量	战略变革调整速度	1.042
	战略变革响应速度	1.070
	战略变革幅度	1.082

从表 4-2 的共线性诊断结果可以发现，VIF 介于 0~10 之间，证明不存在多重共线性，可以进行多元回归分析。

4.2.2 回归模型的构建

根据因子分析、相关分析结果，本节分别以联盟创新、自主创新、模仿创新为因变量，以战略变革调整速度、战略变革响应速度、战略变革幅度为自变量，以企业规模、企业年龄、资本规模为控制变量，分析它们之间的关系并构建模型。模型的一般形式如下：

$$Y_i = b_0 + b_1 X_1 + b_2 X_2 + b_3 X_3 + \alpha \tag{4-1}$$

其中：Y_i 表示技术创新方式的待分析因子（联盟创新、自主创新、模仿创新）；X_1 表示自变量（战略变革调整速度、战略变革响应速度、战略变革幅度）；X_2 表示控制变量（企业规模、企业年龄、资本规模）；X_3 表示交互作用（变革调整速度×变革响应速度、变革调整速度×变革幅度、变革响应速度×变革幅度）；b_i 表示第 i 组变量的回归系数。

在接下来的多元回归分析中,依次引入式(4-1)中的第 i 组变量进行分析。

4.2.3 多元线性回归分析结果

本书的研究是为了对因变量进行解释,因此采用解释型回归分析,目的在于检验各独立变量对于因变量的解释力。采用强迫进入法来进行回归模型检验,将标准化回归系数的显著性水平小于 0.10 者视为显著(Wiersema 和 Bantel,1992)。

在进行回归分析时,加入了自变量战略变革响应速度、战略变革调整速度、战略变革幅度三个因子的交互影响作用,交互作用的计算参照柯惠新和沈浩(2005)定义的"交互作用"为存在交互作用的两个因子值的乘积,因此将三个因子两两相乘共得到 3 个交互作用。除此之外,在四个模型中,应选取模型解释能力最强,也就是调整后的 R^2 最大的模型进行分析。

战略变革与联盟创新的多元回归分析结果如表 4-3 所示,从模型一到模型三,调整后的 R^2 逐渐变大,那么模型三的解释能力最强。模型一中,战略变革响应速度与变革幅度均与联盟创新显著正相关。模型二中引入了控制变量,结果均不显著,证明这几个控制变量对战略变革和联盟创新的关系没有影响。模型三中,响应速度与变革幅度的交互作用负向影响技术创新。从回归模型结果可知,战略变革响应速度与联盟创新正相关,假设 H1-1 得到初步验证,战略变革幅度与联盟创新正相关,假设 H3 得到初步验证。

表 4-3 战略变革与联盟创新的回归分析结果

	模型一 战略变革	模型二 引入控制变量	模型三 交互作用
解释变量			
调整速度	−0.103	−0.104	−0.124
响应速度	0.344***	0.330***	0.334**
变革幅度	0.343***	0.336***	0.326**
控制变量			
资本规模		0.131	0.092
企业规模		0.013	0.046
企业年龄		0.054	0.075
交互作用			
调整速度×响应速度			0.107
调整速度×变革幅度			−0.008
响应速度×变革幅度			−0.179*
R^2	0.295	0.315	0.361
调整后的 R^2	0.279	0.281	0.313
F	17.610***	9.344***	7.467***
D-W	1.632	1.695	1.676

注：①*表示 $P<0.05$，**表示 $P<0.01$，***表示 $P<0.001$。②所有变量容忍度（VIF）均在0.1~10之间，可以不考虑多重共线性的状况，下同。

战略变革与自主创新的多元回归分析结果如表 4-4 所示，其中控制变量无显著作用，模型三中调整后的 R^2 最大，因此该模型解释力度最大。从模型一可以看出，企业战略变革调整速度与自主创新为负相关关系，战略变革响应速度和变革幅度与自主创新为正相关关系，假设 H2-1 和 H4-1 得到初步验证。而模型三中，响应速度与变革幅度的交互作用与自主创新负相关。

战略变革与模仿创新的多元回归分析结果如表 4-5 所示，模型一中调整后的 R^2 很低，模型三中调整后的 R^2 较高。可以发现战略变革对模仿创新的多元回归分析中，回归方程不显著，其中较为显著的是战略变革调整速度和响应速度的交互作用与模仿创新正相关，本书第 5 章将进一步分析战略变革与模仿创新的关系。

4 战略变革方式对技术创新方式影响的实证研究

表 4-4 战略变革与自主创新的回归分析结果

	模型一 战略变革	模型二 引入控制变量	模型三 交互作用
解释变量			
调整速度	-0.130†	-0.145†	-0.149†
响应速度	0.356 ***	0.353 ***	0.344 ***
变革幅度	0.242 **	0.227 *	0.238 ***
控制变量			
资本规模		0.051	0.011
企业规模		0.007	0.039
企业年龄		0.113	0.121
交互作用			
调整速度×响应速度			0.006
调整速度×变革幅度			0.079
响应速度×变革幅度			-0.204 *
R^2	0.237	0.249	0.301
调整后的 R^2	0.219	0.212	0.248
F	13.042 ***	6.753 ***	5.698 ***
D-W	2.028	2.087	2.127

注：* 表示 $P<0.05$，** 表示 $P<0.01$，*** 表示 $P<0.001$，† 表示 $P<0.1$，下同。

表 4-5 战略变革与模仿创新的回归分析结果

	模型一 战略变革	模型二 引入控制变量	模型三 交互作用
解释变量			
调整速度	0.118	0.123	0.087
响应速度	-0.003	0.004	0.014
变革幅度	0.133	0.123	0.106
控制变量			
资本规模		-0.13	-0.149
企业规模		0.018	0.031
企业年龄		-0.067	-0.049
交互作用			
调整速度×响应速度			0.173†
调整速度×变革幅度			-0.042
响应速度×变革幅度			-0.095
R^2	0.021	0.051	0.085
调整后的 R^2	0.013	0.004	0.016
F	1.49	1.09	1.232
D-W	2.081	2.057	2.086

4.3 高管团队对战略变革与技术创新关系的调节作用分析

在初步探索了战略变革与技术创新的关系之后,加入调节变量高管团队,建立模型,进行对比分析。

4.3.1 多元回归适用性分析

4.3.1.1 异方差检验

图 4-2 为高管团队对联盟创新、自主创新、模仿创新三个变量的异方差检验散点图。

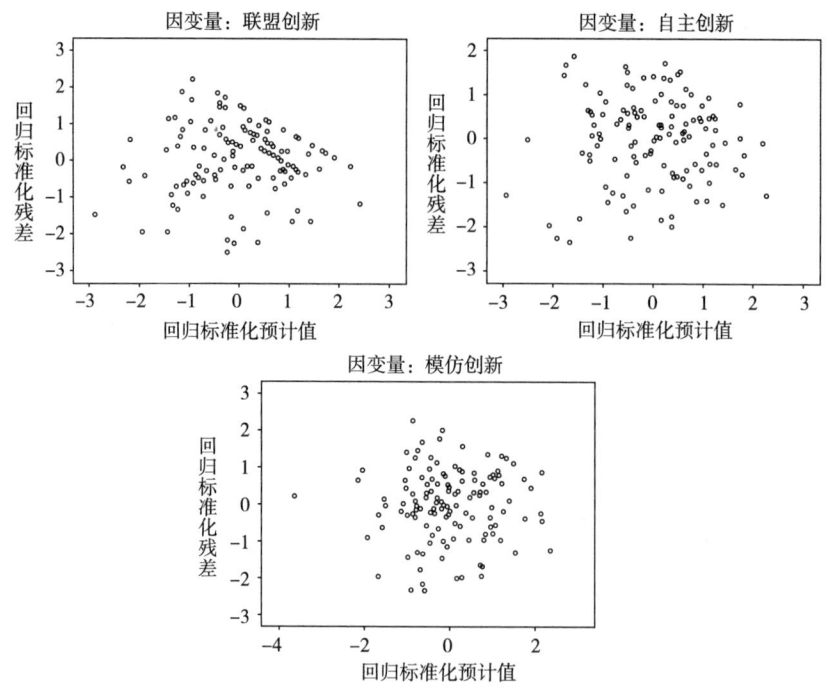

图 4-2 技术创新方式的残差散点图

从图 4-2 可以看出，变量的各个点随机分布，没有呈现出规律性，所以可以判断不存在异方差问题。

4.3.1.2 共线性诊断

从表 4-6 的共线性诊断结果可以发现，VIF 介于 0~10 之间，证明不存在多重共线性，可以进行多元回归分析。

表 4-6 解释变量的方差膨胀因子

变量		方差膨胀因子（VIF）
控制变量	资本规模	3.628
	企业规模	3.564
	企业年龄	1.046
调节变量	TMT 平均年龄	2.477
	TMT 女性参与	1.208
	TMT 平均任期	1.777
	TMT 受教育水平	2.734
解释变量	战略变革调整速度	1.090
	战略变革响应速度	1.102
	战略变革幅度	1.088

4.3.2 回归模型构建（调节效应）

调节效应的回归方程的一般表达式为：

$$Y_i = b_0 + b_1 X_1 + b_m M + b_2 X_1 M + \phi \tag{4-2}$$

其中：Y_i 表示技术创新方式的待分析因子（联盟创新、自主创新、模仿创新）；X_1 表示自变量（战略变革调整速度、战略变革响应速度、战略变革幅度）；M 表示调节变量（TMT 平均年龄，TMT 女性参与，TMT 平均任期，TMT 受教育水平）；$X_1 M$ 表示战略变革与高管团队的交互项（平均年龄×变革调整速度，平均年龄×变革响应速度，平均年龄×变革幅度，女性参与×变革调整速度，女性参与×变革响应速度，女性参与×变革幅度，平均任期×变革调整速度，平均任期×变革响应速度，平均任期×变革幅度，受教育水平×变革调整速度，受教育水平×变革响应速度，受教育水平×变革幅度）；b_i 表示第 i 组变量的回归系数。

在接下来的多元回归分析中，依次引入式（4-2）中的第 i 组变量进行回归分析。

4.3.3　多元线性回归分析结果

在构建了多元回归方程后，用 SPSS 对调节作用进行分析，回归结果如表 4-7 所示。

表 4-7　高管团队的调节作用分析

		联盟创新		自主创新		模仿创新
		模型一	模型二	模型三	模型四	模型五
控制变量						
	资本规模	0.071	0.140	-0.033	-0.060	-0.105
	企业规模	0.059	0.034	0.107	0.063	0.007
	企业年龄	0.068	0.084	0.137	0.112	-0.077
解释变量						
	调整速度	-0.062	-0.062	-0.111	-0.094	0.137
	响应速度	0.288***	0.193***	0.297***	0.244**	-0.009
	变革幅度	0.353***	0.423***	0.246**	0.283**	0.132
	TMT 平均年龄	-0.072	-0.098	-0.128	-0.107	-0.107
	TMT 女性参与	-0.155*	-0.210**	-0.254**	-0.222**	-0.037
	TMT 平均任期	0.034	0.081	0.161*	0.178†	-0.115
	TMT 受教育水平	0.241**	0.261**	0.141	0.151†	0.175†

续表

	联盟创新		自主创新		模仿创新
	模型一	模型二	模型三	模型四	模型五
交互作用					
平均年龄×变革幅度				0.181†	
平均任期×响应速度				-0.215*	
受教育水平×调整速度				0.255*	
受教育水平×响应速度		-0.181*			
受教育水平×变革幅度		-0.278**		-0.209*	
R^2	0.381	0.491	0.341	0.475	0.087
调整后的 R^2	0.329	0.387	0.286	0.367	0.010
F	7.311***	4.697***	6.171***	4.402***	1.133
D-W	1.909	1.946	2.113	2.046	2.033

注：交互作用中仅报告显著的变量，其中模仿创新的调节作用模型非常不显著，因此删除。

从表4-7的五个模型可以看出，模型中控制变量的非标准化回归系数不显著，因此在统计学上无意义，表明企业的资本规模、企业规模、企业年龄对技术创新方式无显著影响作用。

模型一中，响应速度与变革幅度在显著性水平为0.001的情况下具有统计意义上的显著性，表明响应速度和变革幅度都与联盟创新正相关。女性参与和受教育水平也在0.05和0.01的水平下显著，这表明，高管团队的女性参与和联盟创新负相关，高管团队的受教育水平与联盟创新正相关。

模型二中，受教育水平与响应速度的交互项与联盟创新的非标准化回归系数为-0.181，在显著性水平为0.05的情况下具有统计意义上的显著性，说明受教育水平负向调节响应速度与联盟创新的关系。受教育水平与变革幅度的交互项的非标准化回归系数为-0.278，且在显著性水平为 0.01 的情况下具有统计意义上的显著性，表明受教育水平负向调节变革幅度与联盟创新的关系。

模型三中，响应速度、变革幅度、平均任期都和自主创新正相关，而女性参与和自主创新负相关。响应速度在显著性水平为 0.001 的情况下的非标准化回归系数为 0.297，变革幅度在显著性水平为 0.01 的情况下的非标准化回归系数为 0.246，女性参与在显著性水平为 0.01 的情况下的非标准化回归系数为 -0.254，平均任期在显著性水平为 0.05 的情况下的非标准化回归系数为 0.161。

同时，从模型四可以看出，平均年龄与变革幅度的交互项在显著性水平为 0.1 的情况下的非标准化回归系数为 0.181，说明平均年龄正向调节变革幅度与自主创新的关系；平均任期与响应速度的交互项在显著性水平为 0.05 的情况下的非标准化回归系数为 -0.215，说明平均任期负向调节响应速度与自主创新的关系；受教育水平与调整速度的交互项在显著性水平为 0.05 的情况下的非标准化回归系数为 0.255，说明受教育水平正向调节调整速度与自主创新的关系；受教育水平与变革幅度的交互项在显著性水平为 0.05 的情况下的非标准化回归系数为 -0.209，说明受教育水平负向调节变革幅度与自主创新的关系。

模型五的研究结果表明，战略变革对模仿创新没有显著的影响效果，受教育水平在显著性水平为 0.1 的情况下的非标准化回归系数为 0.175，说明受教育水平正向影响模仿创新。

4.3.4 调节效应分析

为了更为直观地展现高管团队对战略变革与技术创新方式关系的调节作用，参照刘军（2008）绘制调节效应图的做法，结合两个回归模型，绘制出高管团队平均年龄、女性参与、平均任期、受教育水平的调节效应图。需注意的是，本书的调节效应图并不是准确无误表达其调节的具体数值，而是表达一个趋势，这与研究中所采用的抽样调查类似，不能囊括所有样本，但是从趋势来看，精度完全一致。基于表4-7的研究成果，本书绘制了图4-3至图4-8六个调节效应图。

图4-3为高管团队的受教育水平对变革响应速度和联盟创新的调节图，可以看出，联盟创新程度随着响应速度的提升而提升，但高教育水平组的提升速度相对缓慢，所以，可以认为，高管团队受教育水平负向调节响应速度与联盟创新的关系。

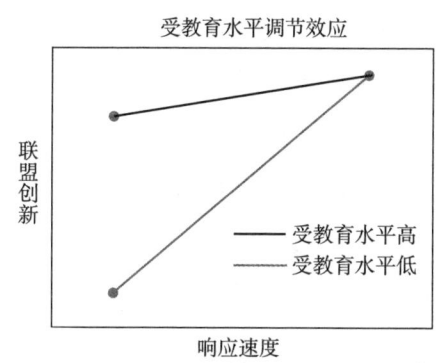

图4-3 受教育水平对变革响应速度和联盟创新的调节效应

图4-4为高管团队的受教育水平对变革幅度和联盟创新的调节图，可以看出，当高管团队受教育水平偏低时，联盟创新程度随着变革幅度的增加而显著提升，在高管团队受教育水平较高的情况下，联盟创新随变革幅度的增加并没有明显的提升。这说明，高管团队的受教育水平对战略变革幅度与联盟创新的关系起着负向的调节作用。

图4 5为高管团队的受教育水平对变革调整速度和自主创新的调节效应，从图中的两条趋势线可以发现，当受教育水平较低时，自主创新程度随着调整速度的加快而显著提升，在受教育水平较高的情况下，自主创新程度随调整速度的加快而加快，但变化趋势线的斜率明显高于受

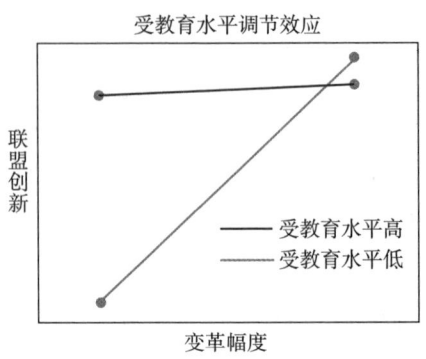

图 4-4　受教育水平对变革幅度和联盟创新的调节效应

教育水平较低时的变化趋势线的斜率。这说明，高管团队受教育水平正向调节调整速度与自主创新的关系。

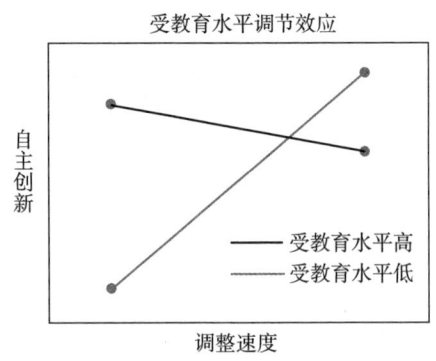

图 4-5　受教育水平对变革调整速度和自主创新的调节效应

图 4-6 是高管团队的受教育水平对战略变革幅度和自主创新关系的调节效应，从趋势线可以看出，当受教育水平较高时，自主创新随着变革幅度的加大而降低，当受教育水平较低时，自主创新随着变革幅度的增加而提升。这说明，高管团队的受教育水平负向调节战略变革幅度与自主创新的关系。

图 4-7 为高管团队平均年龄对战略变革幅度和自主创新关系的调节

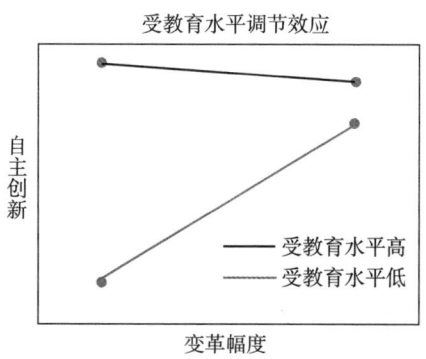

图 4-6 受教育水平对变革幅度和自主创新的调节效应

作用,从两条趋势线可以发现,当团队平均年龄较高时,自主创新随着变革幅度的加大而提升,当团队平均年龄较低时,自主创新随着变革幅度的增加而降低。这说明高管团队平均年龄对变革幅度和自主创新的关系起着正向的调节作用。

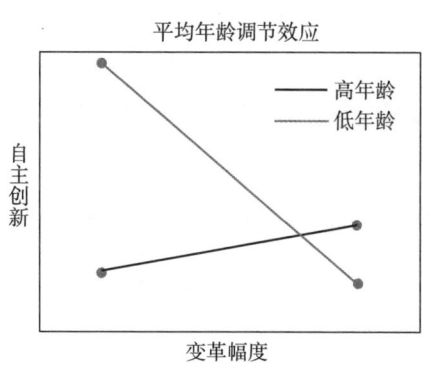

图 4-7 平均年龄对变革幅度和自主创新的调节效应

图 4-8 为高管团队平均任期对战略变革响应速度和自主创新关系的调节状况,根据两条趋势线可知,当任期较短时,自主创新随着响应速度的加快而显著提升,而在任期较长的情况下,自主创新随着响应速度加快而提升得非常缓慢。因此,可以认为,高管团队任期对战略变革响

应速度与自主创新的关系起着负向的调节作用。

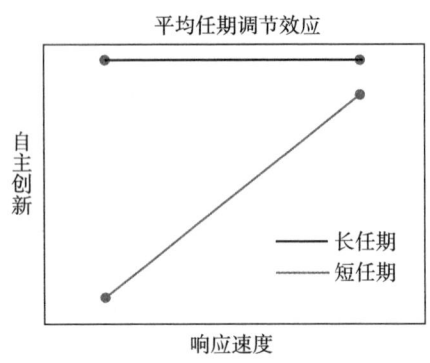

图 4-8　平均任期对变革响应速度和自主创新的调节效应

综上所述，高管团队受教育水平对战略变革响应速度与联盟创新的关系、战略变革调整速度与自主创新的关系、战略变革幅度与自主创新的关系都起着负向的调节作用，对战略变革调整速度与自主创新的关系起着正向的调节作用。那么可以认为，在多数情况下，高管团队受教育水平对战略变革与技术创新方式起着负向的调节作用，假设 H5-4 得到验证；高管团队平均年龄对战略变革幅度和自主创新的关系起着正向的调节作用，假设 H5-1 得到部分验证；高管团队平均任期对战略变革响应速度与自主创新的关系起着负向的调节作用，假设 H5-3 得到验证。从本书研究可以发现，高管团队女性参与对战略变革与技术创新的关系没有明显的调节作用。

关于高管团队对战略变革与技术创新方式关系的调节作用的假设验证情况如表 4-8 所示。

4 战略变革方式对技术创新方式影响的实证研究

表 4-8 高管团队的调节作用分析

研究假设	验证结果
H5：高管团队在平均年龄、女性参与、平均任期、受教育水平等方面的情况，将调节战略变革对技术创新方式的影响	
H5-1：高管团队平均年龄调节战略变革对技术创新方式的作用	部分通过
H5-2：高管团队女性参与调节战略变革对技术创新方式的作用	未通过
H5-3：高管团队平均任期调节战略变革对技术创新方式的作用	部分通过
H5-4：高管团队受教育水平调节战略变革对技术创新方式的作用	部分通过

5 在不同战略变革过程中技术创新方式的选择对市场绩效的影响

在第 3 章中,我们已经对样本数据进行了验证性因子分析,拟合度较好。为了研究战略变革、技术创新与市场绩效三者的相互作用,本书再用结构方程模型对它们之间的整体影响进行探讨。

5.1 结构方程初始模型

根据之前的概念模型、研究假设与探索性因子分析,本书采用 AMOS22.0 进行结构方程模型检验,并采用最大似然法进行模型估计,得到以下结果。初始模型的显著性概率值 $P = 0.000$,拒绝虚无假设,得到的结构方程初始模型的拟合指数和假设检验结果,如表 5-1 所示。

表 5-1 结构方程初始模型的拟合指数

拟合指数	χ^2/df	CFI	GFI	TLI	IFI	RMSEA	SRMR
实际值	1.888	0.837	0.732	0.818	0.841	0.082	0.0918

从表 5-1 可以看出,卡方自由度比值为 1.888,小于 2,模型适配

度佳；另外，RMSEA 和 SRMR 均在 0.1 以下，虽未达到适配标准，但是初始模型仍可以接受。整体看来，初始模型需要进行进一步的调整，以得到更好的测量模型与拟合指数。表 5-2 为初始模型的路径，可以看出大多数路径显著。

表 5-2　结构方程初始模型结果

因果关系			Estimate	S. E.	C. R.	P
联盟创新	←	响应速度	1.223	0.263	4.645	***
模仿创新	←	响应速度	0.531	0.185	2.868	0.004
自主创新	←	响应速度	1.061	0.235	4.51	***
联盟创新	←	调整速度	-0.513	0.18	-2.845	0.004
模仿创新	←	调整速度	-0.049	0.145	-0.338	0.736
自主创新	←	调整速度	-0.425	0.157	-2.709	0.007
联盟创新	←	变革幅度	0.538	0.128	4.198	***
模仿创新	←	变革幅度	0.221	0.11	2.005	0.045
自主创新	←	变革幅度	0.349	0.106	3.277	0.001
新产品开发绩效	←	联盟创新	0.179	0.074	2.408	0.016
管理绩效	←	联盟创新	0.157	0.05	3.119	0.002
新产品开发绩效	←	模仿创新	-0.025	0.079	-0.321	0.748
管理绩效	←	模仿创新	-0.017	0.048	-0.361	0.718
新产品开发绩效	←	自主创新	0.671	0.101	6.631	***
管理绩效	←	自主创新	0.252	0.065	3.86	***

注：*** 表示 P 值小于 0.001。

从表 5-2 可以发现，大多数路径显著性均达标，但调整速度对模仿创新、模仿创新对新产品开发绩效和管理绩效这三条路径的显著性未在 10% 的水平内，这也会引起模型拟合指标未达到最佳状态。

图 5-1 为结构方程模型初始路径图。

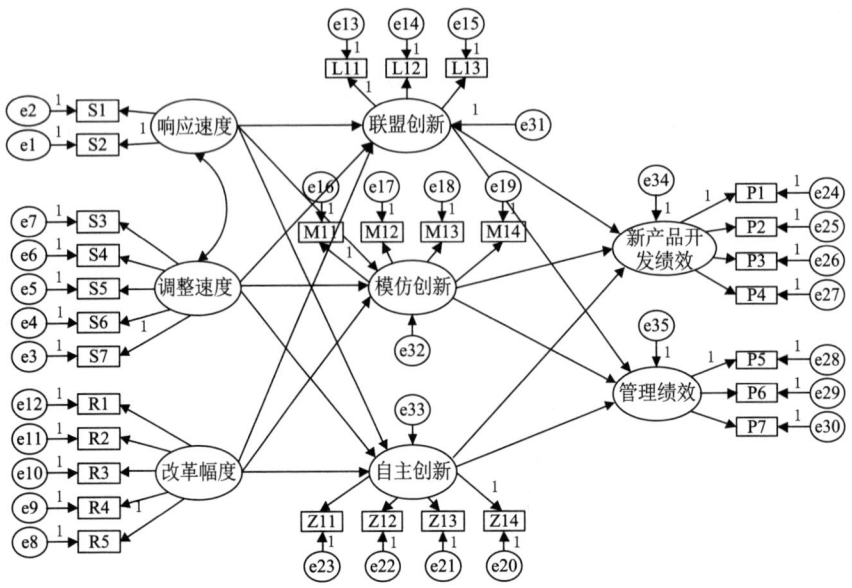

图 5-1　结构方程模型初始路径图

图 5-1 中，战略变革速度的响应速度与调整速度是同一维度下的两个变量，所以需要画一个相关的路径。

5.2　模型修正

初始模型不能达到最优拟合是正常现象，通常需要对模型进行修正，其中假设初始模型修正程序中最常用的是增列变量间的相关（协方差）或增列变量间的影响路径；就协方差的修正指标而言，应首先考虑增列同一预测模型的观察变量误差项之间的协方差，其次考虑增列同为外因潜在变量的不同测量模型的观察变量误差项间的协方差；就影响路径的修正指标而言，如果外因潜在变量对内因潜在变量的路径系数不显著，或内因潜在变量间关系的路径系数不显著，那么可以考虑删除这些不显著的直接效果路径；若增列潜在变量间某条直接路径，模型卡方值变小，则此路径可以增列，但若增列的路径与原理论文献或经验法则相反，则不应增列。本书从 T 值绝对值的最小值路径开始，删除显著性系数小于 10% 的路径，再从 MI 最大值开始，增加增列变量的影响路径。表 5-3 为修正后模型的适配度指标，与吴明隆（2010）列出的适配标准的比较，修正后得到的结构方程模型具有较好的拟合效果。

表 5-3 模型适配度指标摘要表

绝对适配度指标	适配标准	本书指标值	适配判断
χ^2/df	< 2.00（严谨）；< 3.00（普通）	1.159	是
卡方值	P>0.05（未达显著水平）	425.187（P=0.019）	是
SRMR	< 0.08（< 0.05，良好；< 0.08，普通）	0.0784	是
RMSEA	< 0.08（< 0.05，良好；< 0.08，普通）	0.035	是
GFI	数值接近 1 模型适配度愈佳	0.831	否
比较适配度指标	适配标准	本书指标值	适配判断
IFI	≥0.95（普通适配为 > 0.90）；数值接近 1 模型适配度愈佳	0.973	是
TLI	≥0.95（普通适配为 > 0.90）；数值接近 1 模型适配度愈佳	0.967	是
CFI	≥0.95（普通适配为 > 0.90）；数值接近 1 模型适配度愈佳	0.973	是
NFI	≥0.95（普通适配为 > 0.90）；数值接近 1 模型适配度愈佳	0.834	否
简约适配度指标	适配标准	本书指标值	适配判断
PGFI	> 0.50	0.656	是
PNFI	> 0.50	0.703	是
PCFI	> 0.50	0.821	是

从表 5-3 可以看出，在绝对适配度指标中，四个指标达到适配标准，在比较适配度指标中，只有一个未达到适配标准，简约适配度指标则均达到适配标准，且未达到适配标准的适配指标值都在 0.8 以上。参照吴明隆（2010）的做法，以三大模型适配指标值过半的标准来看，修正模型是个可以接受的模型，此修正模型与样本数据的适配度良好。对初始结构方程进行修正后，得到如图 5-2 所示的修正模型，删除了路径系数不显著的三条路径，包括调整速度对模仿创新、模仿创新对新产品开发绩效和管理绩效的影响路径。

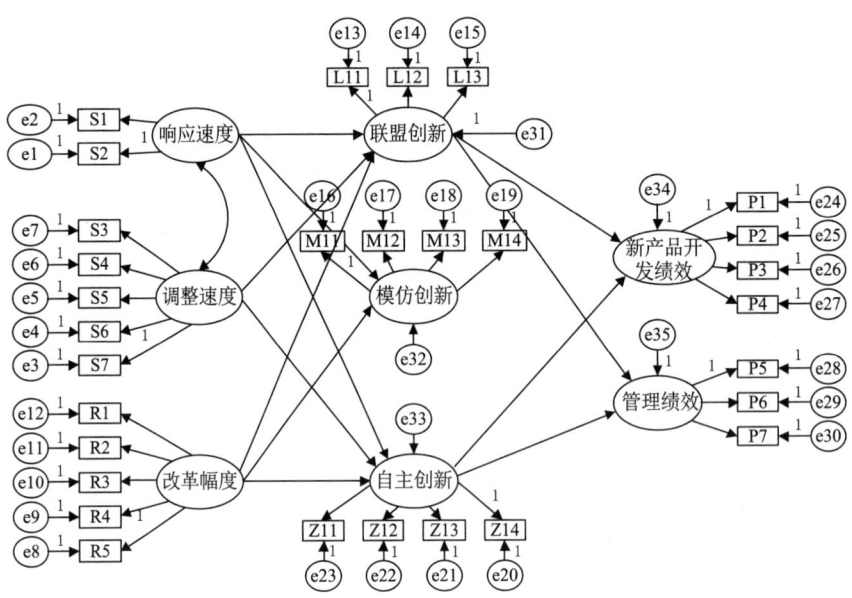

图 5-2 修正后的结构方程模型路径图

根据模型可以得出各变量的路径系数，变量的因果关系、路径系数、标准化后的路径系数、显著水平如表 5-4 所示。从修正模型的结果可以看出，所有路径的显著性系数水平都达到了 5% 的标准，均显著。路径之间的相关关系中，本书的路径共两层：一层是战略变革对技术创

5 在不同战略变革过程中技术创新方式的选择对市场绩效的影响

新方式的影响;另一层是技术创新方式对企业市场绩效的影响。

表 5-4 修正模型结果

因果关系			Estimate	标准化后的 Estimate	S.E.	C.R.	P
联盟创新	←	响应速度	1.23	0.718	0.242	5.076	***
自主创新	←	响应速度	0.867	0.637	0.176	4.942	***
联盟创新	←	调整速度	-0.554	-0.308	0.181	-3.056	0.002
自主创新	←	调整速度	-0.299	-0.209	0.138	-2.174	0.03
联盟创新	←	变革幅度	0.601	0.423	0.135	4.437	***
自主创新	←	变革幅度	0.393	0.348	0.11	3.578	***
模仿创新	←	响应速度	0.515	0.465	0.133	3.874	***
模仿创新	←	变革幅度	0.196	0.213	0.093	2.115	0.034
新产品开发绩效	←	联盟创新	0.141	0.159	0.066	2.127	0.033
管理绩效	←	联盟创新	0.126	0.290	0.044	2.839	0.005
新产品开发绩效	←	自主创新	0.748	0.669	0.1	7.499	***
管理绩效	←	自主创新	0.303	0.553	0.068	4.452	***

注:*** 表示 P 值小于 0.001。

根据表 5-4 的结构方程模型的标准化路径系数,可以得到以下结果:

(1) 响应速度对联盟创新、自主创新、模仿创新的影响路径系数分别为 0.718、0.637、0.465,说明响应速度正向影响联盟创新、自主创新、模仿创新,假设 H1-1、H2-1 得到验证,假设 H2-2 与这一结果刚好相反,未得到验证。

(2) 调整速度对联盟创新、自主创新的影响路径系数分别为 -0.308、-0.209,对模仿创新的影响不显著,说明调整速度负向影响联盟创新和自主创新,假设 H1-2、H2-3 得到验证,假设 H2-4 未得到验证。

(3) 变革幅度对联盟创新、自主创新、模仿创新的影响路径系数分别为 0.423、0.348、0.213，说明战略变革幅度正向影响联盟创新、自主创新和模仿创新，假设 H3、H4-1 得到验证，假设 H4-2 与这一结果刚好相反，未得到验证。

这些结果也与第 4 章中初步分析战略变革对技术创新方式影响的实证研究结果吻合。

(4) 联盟创新对新产品开发绩效和管理绩效的影响路径系数分别为 0.159 和 0.290，自主创新对新产品开发绩效和管理绩效的影响路径系数为 0.669 和 0.553，说明联盟创新和自主创新正向影响企业绩效，假设 H6 得到部分验证。

6

战略变革方式对技术创新方式影响的案例分析

第 4 章和第 5 章对战略变革与技术创新的关系、高管团队对这种关系的调节以及这种关系对企业绩效的影响进行了实证分析,得出了一些结论。但是,现实中经营情况变化多端,如果仅仅关注问卷数据的分析结果,可能不够准确,不能反映企业的某些现实状况。企业的战略变革离不开企业所处的情境,所以为了对战略变革与技术创新的实际关系有一个更为全面的了解,有必要采用案例研究的方式对实际情况进行分析。

在这一研究领域,针对中国企业实际情况进行的规范的案例研究并不多见。实证研究和案例研究相结合的方式,能弥补调研问卷方法的局限,通过案例,我们能够对本书所得出的结论进行验证,从而增加其说服力与可靠性,为进一步研究提供借鉴。

本章以 TCL 股份有限公司(以下简称"TCL")为例,研究其在战略变革时如何选择技术创新方式,并分析企业的绩效又会因为它们之间的关系而处于何种状况。

6.1 案例研究背景

6.1.1 样本选取原因

本书研究对象主要为制造企业，所以在进行分析时，我们必须从制造企业出发，且需要选取进行过变革、具有技术创新能力的企业进行分析。家电行业是中国第一个进入完全竞争状态的行业，该行业高度集成，行业内存在许多国内外竞争企业。

选择TCL作为研究对象，主要是因为该公司是比较有代表性的家电品牌，该公司进行过多次战略调整且为上市公司，各种资料比较公开，有利于获取数据。

6.1.2 TCL概况

TCL创立于1981年，主要经营范围包括电视、数码产品及手机。TCL是具有跨国经营实力的制造企业，在全球多个国家设有分支机构，且拥有23个研发机构。TCL经历了从国内发展到国际化的过程，也经历了单一化到多元化的经营模式，这样的实际状况也决定了该公司必然会有较多的战略调整与变革，从公司整体的经营状况来看，其也必然会经历技术创新方面的策略决策。

6.2 TCL四次战略变革及技术创新方式分析

6.2.1 第一次重大战略变革——体制变革

(1) 变革背景。TCL最早的变革发生在体制上。随着改革开放的深入，国内许多企业希望通过体制改革加速企业发展。当时TCL也是惠州市重要的制造企业之一，所以被选为改革试点企业。从1997年到2002年，其由最初的国有企业变为地方绝对控股企业，最后又转变为多元股份结构企业。

(2) 变革情况。这一系列的改革，决定了公司高层的变动以及组织结构的调整，TCL通过这次变革扩张了业务范围和经营地域，进行了初步的多元化经营，主营业务除了电话、电视外，还增加了手机、电脑等电子产业。可见，TCL的第一次战略变革，不仅涉及组织结构、人力资源的变革，还包括业务范围的变革，变革幅度较大，从国企到地方控股企业再到多元控股企业，此次的变革用了五年的时间。

(3) 技术创新方式。在公司成立之初，TCL的彩电业务是贴牌销售，也就是公司没有自己的核心技术，完全依靠外部。1996年，TCL收购了香港陆氏集团生产基地，这也为后期TCL体制改革发展所需要的技术奠定了基础。1999年，TCL通信公司成立，公司注重独立研发能力的建立，且注重技术人才的培养，形成了技术人才战略，培养了许多通信方面的专家人才，形成了研发能力较高的团队，自主创新能力不断增强。除了进行自主创新之外，TCL集团还依靠与领先企业进行技术合作和学习来推进多元化业务发展进程。1998年，TCL与台湾致福合资成立 TCL 致福电脑公司，2002 年，TCL 与微软、英特尔公司合作，通过联盟创新解决内部经验与技术不足的问题。在模仿创新的过程中，提升自主创新能力，扩大企业的业务能力。

（4）变革结果。TCL 的第一次变革加速了集团的发展，2001 年，企业全年手机销售量达到 100 多万台，实现净利润 5.98 亿元；2002 年在全国手机市场排名前三，利润增长到 14.89 亿元；2003 年，TCL 集团被评为中国电子信息第四强企业。除了财务绩效得到显著提升外，企业的市场绩效也得到明显的提升。此次变革为 TCL 公司培养了许多忠诚客户，其售后服务得到完善。TCL 公司非常重视质量，此次变革不仅改善了企业与政府之间的关系，而且解决了当地的劳动力就业问题，员工的积极性也非常高，可见，此次变革所带来的管理绩效是非常好的。

6.2.2 第二次重大战略变革——海外扩张变革

（1）变革背景。在第一次变革取得巨大成功后，TCL 面临竞争激烈的市场，彩电价格大战导致 TCL 利润率急剧下降，面对这样的竞争状况，TCL 进行了第二次重大战略变革——进军海外市场。

（2）变革情况。2002~2004 年，TCL 进行了三次影响巨大的海外并购：首先是在 2002 年收购德国三大民族品牌之一施耐德公司的生产设备、研发设施、销售渠道等，通过这一举措，TCL 可以绕过欧美市场较高的竞争壁垒，成功打开海外市场；其次是在 2003 年并购全球领先的消费类电子生产商之一的法国汤姆逊公司的彩电业务，该公司拥有多项专利，TCL 此举旨在获得专利技术，且通过该公司已有的成熟渠道提升海外竞争力和市场份额；最后是在 2004 年并购法国的阿尔卡特公司，目的是提升 TCL 集团的手机和电子产品的竞争力。此次变革虽然涉及范围很广，但是变革过程中缺乏跨国经营的高层管理人员，导致管理不善，且变革幅度中的文化、人力、技术整合不到位；变革调整速度过快，在三年内完成三次大收购，但是组织的资源却跟不上变革的速度。

（3）技术创新方式。此次变革的目的是扩展海外市场，除了通过并购打开渠道以外，还希望通过并购提升企业的技术创新能力，获得与海外企业联盟创新的机会，提升公司的自主研发能力和模仿创新能力。但是由于 TCL 的调整速度过快，其技术创新方式并没有取得成功。虽然 TCL 获得很多技术，却不能转化为市场所需求的技术创新。

（4）变革结果。收购施耐德使 TCL 的销售收入和净利润都得到提升。然而，收购汤姆逊公司虽然使 TCL 获得了市场领先的技术，可是这一技术却并不符合市场发展趋势，这导致 TCL 公司巨额亏损。另外，与阿尔卡特公司的并购融合过程十分艰难，并购当季，TCL 就亏损 3000 万欧元，2004 年，TCL 亏损已达 2.89 亿港元。且当时的电视市场液晶屏崛起，使 TCL 原有产品滞销，再加上同期 TCL 通信业务萎缩，这无疑是雪上加霜，导致 TCL 的亏损不断加大。2005 年底，TCL 不得不将 TCL 国际电工 51% 的股权和职能楼宇两项业务出售给法国罗格朗集团。此次绩效下滑，导致内部员工士气低落，并引发了员工之间的矛盾。而且由于绩效不佳，市场也对 TCL 的未来丧失了信心。不管是企业的财务绩效还是市场绩效，都十分不佳。2007 年，上市公司 TCL 集团由于 2005 年和 2006 年的连续亏损，变为 "STTCL"。

6.2.3 第三次重大战略变革——"全景式管理"变革

（1）变革背景。2003~2004 年的海外并购中，TCL 不断亏损。企业调整速度过快，而企业各方面的能力无法匹配这种速度，虽然通过并购拥有了很多技术，可是这些技术却与市场需求不匹配。面对海外扩张战略变革的失利，TCL 不得不再次调整战略。这次战略变革可谓是 TCL 发展史上一次生死攸关的战略变革决策。

(2) 变革情况。TCL 董事长李东升带领的高管团队在 2006 年召开集团管理团队大会，蒲连明提出了"全景式管理"模型，通过该模型对组织进行有效解剖，对政治、经济、文化 3 个维度进行评估，通过此次评估，管理层了解了企业面临的问题，并确定了"文化—经济—政治"全方位的战略变革计划。此次变革主要围绕企业的组织结构和管理体系进行。在组织结构方面，采用组织架构和集团管控模式；人力资源管理也发生了很大的变革，采用全员绩效考核制度；管理制度上加强了精细化管理和风险控制，进行了内部资产的重组，优化优质资产。

(3) 技术创新方式。TCL 通信将 T&A 与原来的两个研发机构融合为一个研发中心，辐射上海、深圳、惠州和法国。吸收阿尔卡特公司的产品设计流程，基于技术引进和模仿创新，一步步转变为自主创新，提升技术创新的原创能力。除了通信技术的创新能力得到提升外，TCL 还加速了液晶电视等产品的研发，不断进行技术突破，且与韩国三星达成合作协议，形成了联盟创新，获得了三星的技术支持。

(4) 变革结果。在高管团队带领下，TCL 的文化、战略与结构等要素不断良性互动，2009 年，TCL 成功拿掉"股票交易退市风险警告"的牌子。

6.2.4 第四次重大战略变革——"双+"变革

(1) 变革背景。随着互联网与物联网的不断发展，传统行业不断受到冲击与挑战，客户的个性化需求日益凸显，TCL 面临着越来越不确定的市场环境。2014 年以来，家电产业增速放缓，2014 年的两会上政府正式将"互联网"列为国家发展战略，传统行业呈现出向互联网、职能化转型的趋势。

(2) 变革情况。2009年至今，TCL在战略上提出了新的概念，即创新和智能化。2014年，TCL又进一步提出了"智能+互联网"、"产品+服务"的"双+"战略变革规划。随着互联网的发展壮大，许多企业都希望通过互联网改变企业现状，提升自己的核心竞争力，形成产品差异化，TCL则是较早利用互联网进行战略变革的制造业代表企业。为了更好地实现公司的互联网转型，TCL最先将互联网转型应用在彩电制造上，并与互联网技术领先的英特尔公司合作，推出互联网电视，将电视的功能多元化，并且与网络视频播放平台"爱奇艺"合作，推出"爱奇艺电视"，销量不断上升。TCL此次的战略变革围绕着智能化的理念，从顶层设计出发，对管理、技术、渠道都进行了变革。

(3) 技术创新方式。TCL的此次变革除了提出互联网战略外，还通过成立"华星光电"公司，整合了彩电生产产业链的上游——屏幕资源供给，自主供应液晶屏，降低生产成本，提升利润空间，形成了"面板模组—整机品牌—国际化销售"的体系。此次的技术创新将大数据计算机等技术融入生产中，将软件与硬件结合，生产提供智能化个性化的产品和服务。通过与互联网企业开展技术合作，进行联盟创新，将自己软件的弱项强化，在硬件的技术创新上也依靠多年积累的自主研发能力不断进步。

(4) 变革结果。通过此次战略变革，TCL调整了公司技术创新方向，基于互联网将产品与服务相结合，特别注重质量和服务评价，客户满意度得到提升，整合了产业链最优势的企业。2015年，TCL集团的营业收入达到1045.79亿元，总资产达到1117.55亿元。可见，TCL集团基于互联网的战略变革，在财务绩效和非财务绩效方面都取得了较好的成果。

6.3 案例研究的结论与启示

表6-1为TCL集团发展史上具有代表性的四次重大战略变革情况。可以看出，在企业成立初期，战略变革主要发生在企业的体制上，体制的改革给予企业更多的发展空间，企业才得以多元化经营，虽然成立初期企业的技术创新只能依靠外部引进，但是随着企业的逐步发展，其利用引进的技术进行模仿生产，最终形成自主创新，企业的绩效也就伴随着这样的创新策略不断提升。在第二阶段，TCL的战略变革是失败的，为了扩张海外市场，急于求成，在变革调整中速度过快，面对如此大的变革幅度，企业的管理、组织结构设置以及各方面的能力、资源无法与之匹配，且又缺乏跨国型管理人才，虽然买到了一些核心技术，但是这些技术并不是市场所需要的技术，技术引进并不能给企业带来好的绩效。在过快的海外扩张战略变革后，TCL审视自身，调整战略，放慢海外扩张的脚步，将内部的管理调整为精细化管理，缩减成本，与其他企业形成联盟创新，绩效逐渐好转。TCL集团最近的一次变革主要是理念的变革，通过引入互联化、职能化两个概念，将产品的研发与用户贴近，生产个性化、智能化的产品，符合市场需求，在自主创新能力不断提升的同时，还与优秀企业进行联盟创新。此次变革让TCL成为销售量达到千亿元的企业，彩电销量全球领先，财务绩效、管理绩效、新产品开发绩效均表现优秀。

表 6-1　TCL 集团战略变革与技术创新汇总

战略变革时间	战略变革情况	技术创新方式	变革成果
1997~2002年	"国有企业—地方控股企业—多元股份结构企业";变革幅度较大,变革响应速度较快	贴牌产品—购买生产基地—成立研发机构,培养技术人才,培养自主创新能力,与企业合作,进行联盟创新	新产品开发绩效与管理绩效逐步增强,利润在 2002 年达到 14.98 亿元
2002~2004年	三次海外并购,变革幅度大,变革调整速度快,响应速度快	通过收购获得专利技术,技术创新能力高,但是与市场所需要的技术不匹配	亏损严重,上司公司被警告为退市风险企业;员工满意度下降,与利益相关者的关系受到影响
2006~2009年	管理层自上而下的诊治,由粗放式管理转变为精细化管理,制定了"文化—经济—政治"的全方位变革计划	合并研发中心,吸收外部技术,逐步转化为自主创新技术,采用联盟创新策略	扭转连续亏损局面,战略与技术形成良性循环
2009年至今	"智能+互联网"、"产品+服务"的战略变革计划,对管理理念、技术创新理念等都进行了颠覆式的变革	不断提升自主创新能力,与互联网企业进行联盟创新	客户、员工、社会、政府对企业的评价不断提升,财务绩效、新产品开发绩效、管理绩效取得较好成果

从 TCL 四次变革中的战略变革、技术创新与绩效的变化情况可以发现,企业战略变革调整幅度如果较大,那么与其他企业进行联盟创新能够达到更好的绩效,当变革幅度过大时,调整速度不应过快,否则会导致企业的各项资源无法跟上变革的速度,管理就容易出现问题。另外,技术引进、模仿创新虽然能给企业带来一定的绩效,但这种绩效必然不能长久,只有将引进的、模仿的技术不断转化为原创的、自主的技

术，才能让企业不断发展壮大，获得持久绩效。

表 6-2 TCL 研究假设验证情况

研究假设	TCL 四次变革验证通过情况			
	第一次	第二次	第三次	第四次
H1：战略变革速度与企业进行联盟创新相关				
H1-1：战略变革响应速度与企业进行联盟创新正相关	√	√		
H1-2：战略变革调整速度与企业进行联盟创新负相关				√
H2：战略变革速度与企业技术创新方法选择相关				
H2-1：战略变革响应速度与企业进行自主创新正相关		√		
H2-2：战略变革响应速度与企业进行模仿创新负相关				
H2-3：战略变革调整速度与企业进行自主创新负相关			√	√
H2-4：战略变革调整速度与企业进行模仿创新正相关		√		
H3：战略变革幅度与企业进行联盟创新正相关	√	√	√	√
H4：战略变革幅度与企业技术创新方法选择相关				
H4-1：战略变革幅度与企业选择自主创新正相关	√		√	√
H4-2：战略变革幅度与企业选择模仿创新负相关				
H5：高管团队在年龄、受教育水平、任期、女性参与等方面的情况，将调节战略变革对技术创新方式的影响	—	—	—	—
H5-1：高管团队平均年龄调节战略变革对技术创新方式的作用				
H5-2：高管团队女性参与调节战略变革对技术创新方式的作用				
H5-3：高管团队任期调节战略变革对技术创新方式的作用				
H5-4：高管团队受教育水平调节战略变革对技术创新方式的作用				
H6：战略变革过程不同的企业，在创新策略上的选择会对企业绩效产生影响	√	√	√	√

表 6-2 是本书 13 个假设验证中对于 TCL 公司的验证情况。可以发现，四次变革中 H3 和 H6 可以得到验证，TCL 的第一次变革中，假设

H1-1、H3、H4-1、H6 得到验证；TCL 的第二次变革中，假设 H1-1、H2-1、H2-4、H3、H6 得到验证；TCL 的第三次变革中，假设 H2-3、H3、H4-1、H6 得到验证；TCL 的第四次变革中，假设 H1-2、H2-3、H3、H4-1、H6 得到验证。

需要说明的是，由于本章是单案例研究，而研究假设 H5 是基于多家公司系统分析得出的结果，因此 TCL 一家公司战略变革的情况难以为该假设提供有说服力的证据，故本章不考虑研究假设 H5 的验证情况。

7 研究结论与展望

本章将对实证研究结果进行分析并得出结论,探讨研究结论对管理实践的指导意义以及本书研究的局限性,并对今后的研究提出一些建议。

7.1 主要研究结论

本书以管理过程动态性为视角,探讨了战略变革速度与幅度对技术创新方式的影响作用,揭示了战略变革对技术创新主体选择、方法选择的内在影响机制,并以企业绩效为最终导向、以高管团队为调节变量,取得了一些有价值的成果。表7-1是本书假设的验证情况。

表7-1 假设验证情况

研 究 假 设	验证结果
H1:战略变革速度与企业进行联盟创新相关	
H1-1:战略变革响应速度与企业进行联盟创新正相关	通过
H1-2:战略变革调整速度与企业进行联盟创新负相关	通过
H2:战略变革速度与企业技术创新方法选择相关	
H2-1:战略变革响应速度与企业进行自主创新正相关	通过
H2-2:战略变革响应速度与企业进行模仿创新负相关	未通过
H2-3:战略变革调整速度与企业进行自主创新负相关	通过
H2-4:战略变革调整速度与企业进行模仿创新正相关	未通过

续表

研 究 假 设	验证结果
H3：战略变革幅度与企业进行联盟创新正相关	通过
H4：战略变革幅度与企业技术创新方法选择相关 H4-1：战略变革幅度与企业选择自主创新正相关 H4-2：战略变革幅度与企业选择模仿创新负相关	通过 未通过
H5：高管团队在平均年龄、女性参与、平均任期、受教育水平等方面的情况，将调节战略变革对技术创新方式的影响 H5-1：高管团队平均年龄调节战略变革对技术创新方式的作用 H5-2：高管团队女性参与调节战略变革对技术创新方式的作用 H5-3：高管团队平均任期调节战略变革对技术创新方式的作用 H5-4：高管团队受教育水平调节战略变革对技术创新方式的作用	部分通过 未通过 部分通过 部分通过
H6：战略变革过程不同的企业，在创新策略上的选择会对企业绩效产生影响	部分通过

（1）战略变革对技术创新方式影响。假设 H1-1、H2-1、H2-3、H3、H4-1 得到验证，实证结果与假设 H2-2、H4-2 相反，假设 H2-4 未得到验证。

首先是战略变革对技术创新的直接影响作用，从验证结果可以看出，战略变革响应速度与联盟创新、自主创新、模仿创新都具有较强的正相关关系，变革幅度与联盟创新、模仿创新、自主创新呈显著的正相关关系，战略变革调整速度与联盟创新、自主创新呈显著的正相关关系，与模仿创新没有显著的相关关系。

根据这一研究结果，我们可知，如果企业较快做出战略变革决策，那么其在创新主体上倾向于选择联盟创新而不是独立创新，在创新模式上倾向于选择自主创新和模仿创新相结合。如果企业调整速度过快，由于这与联盟创新和自主创新所需要的长时间不符合，那么其会更倾向于选择独立创新和技术引进、模仿创新。企业在战略变革幅度过大时，在创新主体上倾向于选择联盟创新而不是独立创新，在创新模式上倾向于选择自主创新和模仿创新相结合。

检验结果与假设 H2-2 刚好相反，响应速度越快，企业应当越倾向于选择模仿创新，检验结果与假设 H4-2 也相反，与战略变革响应速度和模仿创新的结论存在一致性。出现这一结果的可能原因是，目前中国的制造业企业完完全全依靠自主创新是不太现实的，一定程度的模仿能够给企业带来战略变革的成功。

（2）高管团队对战略变革与技术创新关系的调节作用。假设 H5-1、H5-3、H5-4 得到部分验证，假设 H5-2 未得到验证。

高管团队的受教育水平负向调节响应速度与联盟创新正相关关系、正向调节调整速度与自主创新的负相关关系、负向调节变革幅度与联盟创新/自主创新的正相关关系。

此结果证明，如果高管团队的受教育水平较高，那么当企业战略变革响应速度过快时，高管团队会倾向于让企业选择独立创新，当调整速度过快时，其会提升企业选择自主创新的概率，当变革幅度较大时，高管团队的受教育水平也会负向调节选择联盟创新和自主创新的关系。当高管团队的受教育水平越高，认知越复杂，对外部环境变化越敏感，越容易做出战略变革的决策和技术创新决策，且当企业战略变革速度过快时，受教育水平越高的管理者越倾向于降低这种速度。

高管团队的平均年龄正向调节战略变革调整速度与自主创新的负相关关系，平均年龄越大的高管团队，在技术创新方式上越不倾向于选择自主创新，尤其当调整速度过快时，由于不希望冒险，其会更倾向于技术引进与模仿创新。所以对于企业来说，高管团队需要有年轻成员加入，从而为企业带来活力，年轻的成员更具冒险精神。

高管团队平均任期正向调节战略变革响应速度与自主创新的正相关关系，当高管任期越久时，战略变革决策和计划速度越快，高管团队越倾向于选择自主创新。任期越久的高管成员对企业的了解越多，所以在面对外部环境变化时，其能够迅速做出反应，快速制定变革计划，任期越久的高管成员，越希望通过自主创新提升企业绩效。

（3）战略变革速度与幅度会通过创新主体影响企业的新产品开发绩效与管理绩效，假设 H6 得到部分验证。战略变革响应速度及变革幅度正向影响联盟创新与自主创新时，联盟创新和自主创新也会正向影响新产品开发绩效和管理绩效，也就意味着，如果企业的战略变革响应速度越快，变革幅度越大，采用联盟创新和自主创新越会给企业带来更好的绩效。如果企业调整速度过快，企业应该选择独立创新而不是联盟创新，这样才能给企业带来更好的绩效。

7.2　本书的主要贡献

（1）将战略变革过程理论引入技术创新方式选择的研究框架。国内大多数学者目前侧重于研究不同战略变革策略与导向对技术创新方式选择的影响，较少学者关注战略变革内在过程，如变革速度快慢、变革幅度大小对技术创新方式选择的影响。

（2）将战略变革、技术创新、企业表现纳入一个框架进行研究，并采用了结构方程模型方法对模型和假设进行了验证。结果表明战略变革对技术创新的作用能够影响企业表现，企业在进行战略变革时，需要根据自己变革速度的快慢，选择相应的创新主体与方法，才能使企业表现达到最优。本书研究发现，战略变革速度较快时，企业会倾向于选择独立创新，但是速度过快会导致企业的绩效较差，所以在变革调整过程中，速度不应太快。另外，联盟创新能给企业带来更好的新产品开发绩效和管理绩效，所以企业在变革过程中可以考虑与外部合作，提高技术创新能力，以期达到较优绩效。

（3）将高管团队作为战略变革方式影响技术创新方式的调节变量，发现高管团队的人口背景特征平均年龄、受教育水平、平均任期、女性参与起到了调节作用。

7.3 研究局限与展望

本书界定了战略变革方式、技术创新方式和高管团队的相关概念，并将其整合进行研究，通过实证分析对其内在机理进行了探索，并得出了一些结论。但是受限于研究资源、涉及知识面，研究仍存在一些不足，在今后的研究中有待进一步完善。

（1）尽管本书在研究过程中进行了访谈和问卷调查，收集了较多第一手资料，并采用了多种统计方法进行定量分析，但是上市公司的问卷仍旧偏少，导致分析不够全面。后续研究可在数据收集数量等方面继续深入，将上市公司和非上市公司分开调研并进行对比研究。本书的研究对象主要为制造业，但制造业范围较广，如果能够进一步按规模和具体行业等进行划分和比较分析，结论会更准确和适用。

（2）本书主要是通过实证调查验证理论，对企业的实践有一定的指导作用。下一步研究的一个重要方向是如何能够更好地与企业管理实践结合，进行案例分析，验证本书研究结果，以弥补问卷调查方法的局限。案例研究结果更有说服力，也能更好地指导企业实践。

附 录

A1. 战略变革、技术创新策略、市场绩效初始量表

变量	编码	题项
受访者基本情况	01	性别
	02	年龄
	03	受教育程度
	04	职务
	05	加入高管团队时长
企业基本情况	06	公司性质
	07	员工人数
	08	成立时间
	09	公司名称
战略变革速度	S1	战略计划与决策速度
	S2	实施技术变革（生产过程的改变或新产品开发引入）决定速度快
	S3	主营业务的生产与经营活动所采用技术经常发生变化
	S4	人力资源管理政策经常发生变化
	S5	高管团队成员经常发生变化
	S6	机构设置经常发生变化
	S7	产品和服务经常发生变化
战略变革幅度	R1	主营业务的生产与经营活动所采用技术发生过重大变化
	R2	人力资源管理政策发生过重大变化
	R3	高管团队成员发生过重大变化
	R4	机构设置经常发生重大变化
	R5	产品和服务经常发生重大变化
	R6	变革时涉及的部门和业务范围广
	R7	变革时员工参与度高

续表

变量	编码	题项
技术创新行为	I1	贵企业经常开展技术创新工作
联盟创新	LI1	与其他企业、高校、科研院所等合作进行技术创新
	LI2	认为通过与外部合作进行技术创新比独立进行技术创新更易获得成功
	LI3	为了实现技术创新的战略目标而与其他机构建立长期合作关系
	LI4	通常独立进行技术创新，很少依赖其他外部机构（反向题）
模仿创新	MI1	拥有原始的首创的核心技术及新产品（反向题）
	MI2	经常派遣研发人员到其他企业学习
	MI3	注重引进国内外先进设备提升研发质量与效率
	MI4	具有重大影响的技术创新（新产品/服务）主要源于外部技术引进与借鉴
自主创新	ZI1	研发过程的技术知识来源于企业内部
	ZI2	研发技术处于行业领先
	ZI3	研发利润上升
	ZI4	专利申请数量增加
市场绩效	P1	与主要竞争对手相比，新产品/服务更为独特
	P2	上述独特性能达到开发新产品/服务的预期目标
	P3	与主要竞争对手相比，新产品/服务具有较高市场占有率
	P4	新产品/服务的市场占有率能够达到既定目标
	P5	与主要竞争对手相比，新产品/服务在技术或市场上的领先地位能够持久
	P6	上述新产品/服务领先时间能够满足企业要求
	P7	与主要竞争对手相比，产品/服务质量更好
	P8	对自己的产品/服务的质量感到满意
	P9	员工在企业工作满意
	P10	能够妥善处理与政府、工作有关的事务

A2. 不同时期回收问卷的方差分析结果

1. 描述性统计结果

		个案数	平均值	标准差	标准误差	平均值的95%置信区间 下限	平均值的95%置信区间 上限	最小值	最大值
S1	1	30	5.0333	1.44993	0.26472	4.4919	5.5747	2.00	7.00
	2	25	4.8000	1.73205	0.34641	4.0850	5.5150	1.00	7.00
	3	34	4.5882	1.49985	0.25722	4.0649	5.1116	1.00	7.00
	总计	89	4.7978	1.54611	0.16389	4.4721	5.1234	1.00	7.00
S2	1	30	5.1000	1.24152	0.22667	4.6364	5.5636	2.00	7.00
	2	25	4.7200	1.81475	0.36295	3.9709	5.4691	1.00	7.00
	3	34	4.9412	1.68669	0.28926	4.3527	5.5297	1.00	7.00
	总计	89	4.9326	1.57968	0.16745	4.5998	5.2653	1.00	7.00
S3	1	30	2.8000	1.44795	0.26436	2.2593	3.3407	1.00	6.00
	2	25	2.6800	1.28193	0.25639	2.1508	3.2092	1.00	6.00
	3	34	3.0882	1.46407	0.25109	2.5774	3.5991	1.00	6.00
	总计	89	2.8764	1.40470	0.14890	2.5805	3.1723	1.00	7.00
S4	1	30	2.9667	1.58622	0.28960	2.3744	3.5590	1.00	7.00
	2	25	3.7200	1.27541	0.25508	3.1935	4.2465	1.00	6.00
	3	34	3.0294	1.64197	0.28160	2.4565	3.6023	1.00	7.00
	总计	89	3.2022	1.54611	0.16389	2.8766	3.5279	1.00	7.00
S5	1	30	2.0333	1.06620	0.19466	1.6352	2.4315	1.00	4.00
	2	25	2.3200	1.67631	0.33526	1.6281	3.0119	1.00	7.00
	3	34	2.2059	1.40948	0.24172	1.7141	2.6977	1.00	6.00
	总计	89	2.1798	1.37809	0.14608	1.8895	2.4701	1.00	7.00
S6	1	30	2.3667	1.29943	0.23724	1.8815	2.8519	1.00	6.00
	2	25	3.0800	1.99833	0.39967	2.2551	3.9049	1.00	7.00
	3	34	2.5294	1.59991	0.27438	1.9712	3.0876	1.00	6.00
	总计	89	2.6292	1.64027	0.17387	2.2837	2.9747	1.00	7.00

续表

		个案数	平均值	标准差	标准误差	平均值的95%置信区间		最小值	最大值
						下限	上限		
S7	1	30	2.4333	1.54659	0.28237	1.8558	3.0108	1.00	7.00
	2	25	2.4400	1.75784	0.35157	1.7144	3.1656	1.00	7.00
	3	34	2.5294	1.35368	0.23215	2.0571	3.0017	1.00	6.00
	总计	89	2.4719	1.52323	0.16146	2.1510	2.7928	1.00	7.00
R1	1	30	4.1000	2.12295	0.38760	3.3073	4.8927	1.00	7.00
	2	25	3.4400	1.95959	0.39192	2.6311	4.2489	1.00	7.00
	3	34	4.1176	1.96584	0.33714	3.4317	4.8036	1.00	7.00
	总计	89	3.9213	2.01824	0.21393	3.4962	4.3465	1.00	7.00
R2	1	30	3.4667	1.85199	0.33813	2.7751	4.1582	1.00	7.00
	2	25	3.8800	1.58955	0.31791	3.2239	4.5361	1.00	6.00
	3	34	4.0588	1.75708	0.30134	3.4457	4.6719	1.00	7.00
	总计	89	3.8090	1.74432	0.18490	3.4415	4.1764	1.00	7.00
R3	1	30	3.1667	1.51050	0.27578	2.6026	3.7307	1.00	7.00
	2	25	2.8000	1.65831	0.33166	2.1155	3.4845	1.00	7.00
	3	34	3.3235	1.70063	0.29166	2.7302	3.9169	1.00	7.00
	总计	89	3.1236	1.62243	0.17198	2.7818	3.4654	1.00	7.00
R4	1	30	3.5333	1.85199	0.33813	2.8418	4.2249	1.00	7.00
	2	25	4.0400	1.83666	0.36733	3.2819	4.7981	1.00	7.00
	3	34	3.5882	1.94029	0.33276	2.9112	4.2652	1.00	7.00
	总计	89	3.6966	1.87328	0.19857	3.3020	4.0912	1.00	7.00
R5	1	30	3.2333	2.02882	0.37041	2.4758	3.9909	1.00	7.00
	2	25	3.1600	1.79536	0.35907	2.4189	3.9011	1.00	6.00
	3	34	3.6471	1.87297	0.32121	2.9935	4.3006	1.00	7.00
	总计	89	3.3708	1.89726	0.20111	2.9711	3.7704	1.00	7.00

续表

		个案数	平均值	标准差	标准误差	平均值的95%置信区间		最小值	最大值
						下限	上限		
LI1	1	30	5.4333	1.59056	0.29040	4.8394	6.0273	1.00	7.00
	2	25	5.2000	1.65831	0.33166	4.5155	5.8845	1.00	7.00
	3	34	5.3235	1.45061	0.24878	4.8174	5.8297	2.00	7.00
	总计	89	5.3258	1.54313	0.16357	5.0008	5.6509	1.00	7.00
LI2	1	30	5.7667	1.22287	0.22326	5.3100	6.2233	2.00	7.00
	2	25	5.7600	1.16476	0.23295	5.2792	6.2408	2.00	7.00
	3	34	5.5882	1.43796	0.24661	5.0865	6.0900	2.00	7.00
	总计	89	5.6966	1.28279	0.13598	5.4264	5.9669	2.00	7.00
LI3	1	30	5.7333	1.25762	0.22961	5.2637	6.2029	1.00	7.00
	2	25	5.6000	1.50000	0.30000	4.9808	6.2192	1.00	7.00
	3	34	5.5000	1.33144	0.22834	5.0354	5.9646	1.00	7.00
	总计	89	5.6067	1.34518	0.14259	5.3234	5.8901	1.00	7.00
MI1	1	30	3.8667	1.67607	0.30601	3.2408	4.4925	1.00	7.00
	2	25	4.4000	1.58114	0.31623	3.7473	5.0527	1.00	7.00
	3	34	4.5588	1.58001	0.27097	4.0075	5.1101	2.00	7.00
	总计	89	4.2809	1.62361	0.17210	3.9389	4.6229	1.00	7.00
MI2	1	30	4.8000	1.29721	0.23684	4.3156	5.2844	2.00	7.00
	2	25	4.8000	1.50000	0.30000	4.1808	5.4192	1.00	7.00
	3	34	4.9706	1.42457	0.24431	4.4735	5.4676	2.00	7.00
	总计	89	4.8652	1.39146	0.14749	4.5721	5.1583	1.00	7.00
MI3	1	30	5.4667	1.10589	0.20191	5.0537	5.8796	3.00	7.00
	2	25	5.4400	1.55671	0.31134	4.7974	6.0826	1.00	7.00
	3	34	5.3235	1.45061	0.24878	4.8174	5.8297	2.00	7.00
	总计	89	5.4045	1.36281	0.14446	5.1174	5.6916	1.00	7.00

续表

		个案数	平均值	标准差	标准误差	平均值的95%置信区间		最小值	最大值
						下限	上限		
MI4	1	30	3.8667	1.47936	0.27009	3.3143	4.4191	1.00	7.00
	2	25	4.4400	1.55671	0.31134	3.7974	5.0826	1.00	7.00
	3	34	4.6471	1.55471	0.26663	4.1046	5.1895	2.00	7.00
	总计	89	4.3258	1.55048	0.16435	3.9992	4.6525	1.00	7.00
ZI1	1	30	5.2333	1.13512	0.20724	4.8095	5.6572	3.00	7.00
	2	25	5.2000	1.35401	0.27080	4.6411	5.7589	2.00	7.00
	3	34	4.9706	1.26695	0.21728	4.5285	5.4126	2.00	7.00
	总计	89	5.1236	1.24152	0.13160	4.8621	5.3851	2.00	7.00
ZI2	1	30	5.6667	1.29544	0.23651	5.1829	6.1504	2.00	7.00
	2	25	5.5200	1.44684	0.28937	4.9228	6.1172	2.00	7.00
	3	34	5.3235	1.57096	0.26942	4.7754	5.8717	1.00	7.00
	总计	89	5.4944	1.43909	0.15254	5.1912	5.7975	1.00	7.00
ZI3	1	30	5.0333	1.42595	0.26034	4.5009	5.5658	2.00	7.00
	2	25	5.0000	1.41421	0.28284	4.4162	5.5838	1.00	7.00
	3	34	5.1471	1.45919	0.25025	4.6379	5.6562	1.00	7.00
	总计	89	5.0674	1.42061	0.15058	4.7682	5.3667	1.00	7.00
ZI4	1	30	5.6667	1.42232	0.25968	5.1356	6.1978	2.00	7.00
	2	25	5.7600	1.39284	0.27857	5.1851	6.3349	1.00	7.00
	3	34	5.4706	1.58086	0.27111	4.9190	6.0222	1.00	7.00
	总计	89	5.6180	1.46556	0.15535	5.3093	5.9267	1.00	7.00
P1	1	30	4.9333	1.59597	0.29138	4.3374	5.5293	2.00	7.00
	2	25	4.9200	1.41185	0.28237	4.3372	5.5028	1.00	7.00
	3	34	5.1176	1.40916	0.24167	4.6260	5.6093	2.00	7.00
	总计	89	5.0000	1.46163	0.15493	4.6921	5.3079	1.00	7.00

续表

		个案数	平均值	标准差	标准误差	平均值的95%置信区间		最小值	最大值
						下限	上限		
P2	1	30	4.9667	1.42595	0.26034	4.4342	5.4991	2.00	7.00
	2	25	4.7200	1.56844	0.31369	4.0726	5.3674	1.00	7.00
	3	34	5.0000	1.41421	0.24254	4.5066	5.4934	2.00	7.00
	总计	89	4.9101	1.45102	0.15381	4.6045	5.2158	1.00	7.00
P3	1	30	5.1333	1.27937	0.23358	4.6556	5.6111	2.00	7.00
	2	25	5.2800	1.33915	0.26783	4.7272	5.8328	3.00	7.00
	3	34	4.7353	1.60130	0.27462	4.1766	5.2940	1.00	7.00
	总计	89	5.0225	1.43002	0.15158	4.7212	5.3237	1.00	7.00
P4	1	30	4.9333	1.36289	0.24883	4.4244	5.4422	2.00	7.00
	2	25	5.2000	1.11803	0.22361	4.7385	5.6615	3.00	7.00
	3	34	4.5000	1.44075	0.24709	3.9973	5.0027	1.00	7.00
	总计	89	4.8427	1.34755	0.14284	4.5588	5.1266	1.00	7.00
P5	1	30	5.4667	1.07425	0.19613	5.0655	5.8678	3.00	7.00
	2	25	5.7600	0.87939	0.17588	5.3970	6.1230	4.00	7.00
	3	34	5.0882	1.56414	0.26825	4.5425	5.6340	1.00	7.00
	总计	89	5.4045	1.25878	0.13343	5.1393	5.6697	1.00	7.00
P6	1	30	5.2000	1.15669	0.21118	4.7681	5.6319	3.00	7.00
	2	25	5.4800	1.04563	0.20913	5.0484	5.9116	4.00	7.00
	3	34	5.2647	1.21378	0.20816	4.8412	5.6882	3.00	7.00
	总计	89	5.3034	1.14221	0.12107	5.0628	5.5440	3.00	7.00
P7	1	30	6.1000	0.71197	0.12999	5.8341	6.3659	4.00	7.00
	2	25	5.8400	1.14310	0.22862	5.3682	6.3118	3.00	7.00
	3	34	5.7941	1.09488	0.18777	5.4121	6.1761	3.00	7.00
	总计	89	5.9101	0.99591	0.10557	5.7003	6.1199	3.00	7.00

2. 方差齐性检验结果

	莱文统计	自由度1	自由度2	显著性
S1	0.621	2	86	0.540
S2	3.288	2	86	0.042
S3	0.156	2	86	0.856
S4	0.808	2	86	0.449
S5	3.501	2	86	0.035
S6	2.914	2	86	0.060
S7	0.218	2	86	0.805
R1	0.220	2	86	0.803
R2	0.518	2	86	0.597
R3	0.261	2	86	0.771
R4	0.052	2	86	0.949
R5	0.076	2	86	0.927
LI1	0.098	2	86	0.907
LI2	1.169	2	86	0.315
LI3	0.602	2	86	0.550
MI1	0.131	2	86	0.878
MI2	0.186	2	86	0.831
MI3	2.209	2	86	0.116
MI4	0.339	2	86	0.714
ZI1	0.141	2	86	0.869
ZI2	0.466	2	86	0.629
ZI3	0.047	2	86	0.954
ZI4	1.186	2	86	0.310
P1	0.450	2	86	0.639
P2	0.235	2	86	0.791
P3	0.915	2	86	0.404
P4	1.294	2	86	0.279
P5	4.968	2	86	0.009
P6	0.140	2	86	0.870
P7	3.069	2	86	0.052

3. 方差分析结果

		平方和	自由度	均方	F	显著性
S1	组间	3.158	2	1.579	0.655	0.522
	组内	207.202	86	2.409		
	总计	210.360	88			
S2	组间	1.973	2	0.987	0.390	0.678
	组内	217.622	86	2.530		
	总计	219.596	88			
S3	组间	2.665	2	1.333	0.670	0.514
	组内	170.975	86	1.988		
	总计	173.640	88			
S4	组间	9.382	2	4.691	2.007	0.141
	组内	200.977	86	2.337		
	总计	210.360	88			
S5	组间	1.158	2	0.579	0.300	0.742
	组内	165.965	86	1.930		
	总计	167.124	88			
S6	组间	7.487	2	3.743	1.404	0.251
	组内	229.277	86	2.666		
	总计	236.764	88			
S7	组间	0.183	2	0.091	0.038	0.962
	组内	203.997	86	2.372		
	总计	204.180	88			
R1	组间	8.060	2	4.030	0.989	0.376
	组内	350.389	86	4.074		
	总计	358.449	88			
R2	组间	5.764	2	2.882	0.946	0.392
	组内	261.989	86	3.046		
	总计	267.753	88			

续表

		平方和	自由度	均方	F	显著性
R3	组间	4.033	2	2.016	0.762	0.470
	组内	227.608	86	2.647		
	总计	231.641	88			
R4	组间	4.147	2	2.074	0.585	0.559
	组内	304.662	86	3.543		
	总计	308.809	88			
R5	组间	4.273	2	2.136	0.588	0.558
	组内	312.491	86	3.634		
	总计	316.764	88			
LI1	组间	0.743	2	0.371	0.153	0.858
	组内	208.808	86	2.428		
	总计	209.551	88			
LI2	组间	0.647	2	0.324	0.193	0.825
	组内	144.162	86	1.676		
	总计	144.809	88			
LI3	组间	0.869	2	0.435	0.236	0.790
	组内	158.367	86	1.841		
	总计	159.236	88			
MI1	组间	8.129	2	4.064	1.561	0.216
	组内	223.849	86	2.603		
	总计	231.978	88			
MI2	组间	0.611	2	0.306	0.155	0.857
	组内	169.771	86	1.974		
	总计	170.382	88			
MI3	组间	0.370	2	0.185	0.098	0.907
	组内	163.068	86	1.896		
	总计	163.438	88			

续表

		平方和	自由度	均方	F	显著性
MI4	组间	10.159	2	5.080	2.169	0.120
	组内	201.391	86	2.342		
	总计	211.550	88			
ZI1	组间	1.303	2	0.652	0.417	0.660
	组内	134.337	86	1.562		
	总计	135.640	88			
ZI2	组间	1.899	2	0.950	0.453	0.637
	组内	180.348	86	2.097		
	总计	182.247	88			
ZI3	组间	0.364	2	0.182	0.088	0.916
	组内	177.231	86	2.061		
	总计	177.595	88			
ZI4	组间	1.314	2	0.657	0.301	0.741
	组内	187.697	86	2.183		
	总计	189.011	88			
P1	组间	0.764	2	0.382	0.175	0.839
	组内	187.236	86	2.177		
	总计	188.000	88			
P2	组间	1.274	2	0.637	0.298	0.743
	组内	184.007	86	2.140		
	总计	185.281	88			
P3	组间	4.831	2	2.415	1.186	0.310
	组内	175.124	86	2.036		
	总计	179.955	88			
P4	组间	7.431	2	3.716	2.097	0.129
	组内	152.367	86	1.772		
	总计	159.798	88			

续表

		平方和	自由度	均方	F	显著性
P5	组间	6.676	2	3.338	2.162	0.121
	组内	132.762	86	1.544		
	总计	139.438	88			
P6	组间	1.151	2	0.576	0.436	0.648
	组内	113.658	86	1.322		
	总计	114.809	88			
P7	组间	1.662	2	0.831	0.835	0.437
	组内	85.619	86	0.996		
	总计	87.281	88			

参考文献

[1] 白嘉.中国区域技术创新能力的评价与比较[J].科学管理研究,2012,30(1):15-18.

[2] 毕克新,孙德花.基于复合系统协调度模型的制造业企业产品创新与工艺创新协同发展实证研究[J].中国软科学,2010(9):156-162.

[3] 曾萍,邬绮虹.女性高管参与对企业技术创新的影响——基于创业板企业的实证研究[J].科学学研究,2012(5):773-781.

[4] 陈传明,刘海建.企业战略变革的理论与研究方法述评[J].经济管理,2005(14):58-64.

[5] 陈传明,刘海建.企业战略变革:内涵与测量方法论探析[J].科研管理,2006(3):67-74.

[6] 陈传明,孙俊华.企业家人口背景特征与多元化战略选择——基于中国上市公司面板数据的实证研究[J].管理世界,2008(5):124-133,187-188.

[7] 陈力田.企业技术创新能力对环境适应性重构的实证研究——基于376家高技术企业的证据[J].科研管理,2015,36(8):1-9.

[8] 陈明,余来文.动态环境下企业战略变革的主要影响因素及其对策[J].当代财经,2006(6):67-70.

[9] 陈收,舒晴,杨艳.环境不确定性对企业战略变革与绩效关系的影响[J].系统工程,2012(9):1-8.

[10] 陈守明,潘梅.国家自主创新战略背景下的企业认知框架与创新绩效[J].经济论坛,2015(3):114-120.

[11] 陈晓梅.认知视角下企业战略变革的影响因素[J].市场研究,2014(11):29-31.

[12] 崔冬初,朱晓霞,宋之杰.基于AHP的河北省中小企业技术创新策略选择[J].企业经济,2014(5):97-100.

[13] 冯海龙.企业战略变革:概念、整合理论模型与测量方法[J].经济管理,2007(5):34-38.

[14] 冯海龙.组织学习、动态能力与企业战略变革[J].华东经济管理,2008(10):104-108.

[15] 冯海龙.企业战略变革的定义比较、测量述评及量表开发——兼对笔者原战略变革定义的修正与操作化[J].管理学报,2010(4):499-508.

[16] 傅家骥.技术创新学[M].北京:清华大学出版社,2001.

[17] 郭葆春,张丹.中小创新型企业高管特征与R&D投入行为研究——基于高阶管理理论的分析[J].证券市场导报,2013(1):16-22.

[18] 古家军.基于时间竞争TBC背景下企业高管团队战略决策过程研究[D].华中科技大学博士学位论文,2009.

[19] 韩福荣,辛彦.企业仿生化研究综述[J].北京工业大学学报(社会科学版),2001(1):42-45,70.

[20] 韩静,陈志红,杨晓星.高管团队背景特征视角下的会计稳健性与投资效率关系研究[J].会计研究,2014(12):25-31,95.

[21] 何爱琴,任佩瑜.组织学习能力对企业战略变革速度的影响关系研究——以352个企业调研数据的实证分析检验为例[J].情报杂志,

2010（9）：124-127，132.

［22］胡继华. 1982~2012年我国技术创新研究热点与趋势分析［J］. 软科学，2015，29（5）：17-21.

［23］胡明霞. 管理层权力、技术创新投入与企业绩效［J］. 科学学与科学技术管理，2015，36（8）：140-149.

［24］胡荣，胡康. 城市居民的社会交往与社会资本建构［J］. 社会科学研究，2007（4）：98-103.

［25］黄春雪，韩静. 高管团队特征与企业技术创新关系研究综述［J］. 科技创业月刊，2012（11）：1-3.

［26］黄旭，徐朝霞，李卫民. 中国上市公司高管背景特征对企业并购行为的影响研究［J］. 宏观经济研究，2013（10）：67-73，113.

［27］焦豪. 双元型组织竞争优势的构建路径：基于动态能力理论的实证研究［J］. 管理世界，2011（11）：76-91.

［28］柯惠新，沈浩. 调查研究中的统计分析法（基础篇）［M］. 北京：中国传媒大学出版社，2015.

［29］［美］克里斯坦森. 创新者的窘境［M］. 北京：中信出版社，2014.

［30］李随成，武梦超. 供应商整合能力对渐进式创新与突破式创新的影响——基于环境动态性的调节作用［J］. 科技进步与对策，2016（3）：96-102.

［31］李艳，赵新力，齐中英. 基于技术竞争情报和组织学习提升企业技术创新能力［J］. 科学管理研究，2010，28（3）：16-19.

［32］李园. 战略导向、动态能力对企业技术创新方式选择影响的实证研究［D］. 东北大学硕士学位论文，2007.

［33］林洲钰，林汉川，邓兴华. 集团化经营对企业技术创新的影响

研究——基于人力资本视角 [J]. 科学学研究, 2015, 33 (3): 471-480.

[34] 刘兵, 刘佳鑫, 李奕芳. 高管团队异质性与企业绩效的关系——管理自主权的调节作用 [J]. 科技管理研究, 2015, 35 (11): 147-153.

[35] 刘从九. 基于技术创新的组织结构变革研究 [J]. 中国科技论坛, 2003 (5): 28-30.

[36] 刘昉. CEO 更换、企业业绩和公司治理: 2001—2007 上市公司实证研究 [D]. 厦门大学硕士学位论文, 2009.

[37] 刘军. 管理研究方法原理与应用 [M]. 北京: 中国人民大学出版社, 2008.

[38] 刘腾. R&D 投入对企业绩效影响的实证分析 [D]. 南京大学硕士学位论文, 2015.

[39] 刘新民, 王垒, 吴士健. CEO 继任类型对战略变革的影响研究: 高管团队重组的中介作用 [J]. 管理评论, 2013, 25 (8): 102-112.

[40] 刘鑫, 薛有志. CEO 继任、业绩偏离度和公司研发投入——基于战略变革方向的视角 [J]. 南开管理评论, 2015 (3): 34-47.

[41] 马富萍, 郭晓川. 高管团队异质性与技术创新绩效的关系研究——以高管团队行为整合为调节变量 [J]. 科学学与科学技术管理, 2010, 31 (12): 186-191.

[42] 马富萍, 李太. 高管团队特征、高管团队持股与技术创新的关系研究——基于资源型上市公司的实证检验 [J]. 科学管理研究, 2011 (4): 117-120.

[43] 马富萍. 高层管理团队特征与技术创新的相关性研究: 基于

文献综述［J］. 科学管理研究, 2010（4）: 116-120.

［44］欧阳慧, 李树丞, 陈佳. 高层管理团队（TMT）在战略决策中的冲突管理［J］. 湘潭大学学报（哲学社会科学版）, 2004（2）: 7-10, 75.

［45］潘安成. 企业战略变革动因理论的述评与展望［J］. 预测, 2009, 28（1）: 1-8.

［46］彭纪生, 刘春林. 自主创新与模仿创新的博弈分析［J］. 科学管理研究, 2003,（6）: 18-22.

［47］生延超. 企业技术能力与技术创新方式选择［J］. 管理科学, 2007, 20（4）: 23-29.

［48］施建军, 王丽, 邓宏. 高管团队信任对创新方式选择问题研究［J］. 南京社会科学, 2015（8）: 39-45.

［49］石盛林, 陈圻, 张静. 高管团队认知风格对技术创新的影响——基于中国制造企业的实证研究［J］. 科学学研究, 2011（8）: 1251-1257.

［50］孙海法, 姚振华, 严茂胜. 高管团队人口统计特征对纺织和信息技术公司经营绩效的影响［J］. 南开管理评论, 2006（6）: 61-67.

［51］孙耀吾, 曾科. 企业技术创新中的战略共振效应及实证研究［J］. 科学管理研究, 2009（5）: 1-6.

［52］田辉. 企业组织变革与技术创新效率提升关系研究［D］. 兰州理工大学硕士学位论文, 2012.

［53］田瑞岩. 高管团队行为整合与企业绩效的关系研究［D］. 辽宁大学博士学位论文, 2014.

［54］王炳文. 从委托代理理论视角论继续深化国有企业改革［J］. 求实, 2014（6）: 45-49.

［55］王德应，刘渐和. TMT 特征与企业技术创新关系研究［J］. 科研管理，2011（7）：45-52，75.

［56］王浩. 企业战略变革动因分析方法研究［D］. 武汉理工大学硕士学位论文，2009.

［57］王慧霞，李伟红，杨淑君. 基于委托代理理论的企业所有者与经理人合作决策模型［J］. 河北大学学报（哲学社会科学版），2010，35（3）：112-114.

［58］王京伦. 转型经济下的组织学习与组织绩效关系研究［D］. 吉林大学博士学位论文，2016.

［59］王丽娜，朱欣民. 技术创新基本概念与企业的选择策略研究［J］. 技术与市场月刊，2005（7）：36-37.

［60］王宇. 企业外部环境驱动下的战略变化及其绩效的关联性研究［D］. 西南交通大学博士学位论文，2007.

［61］王宇. 高管团队、战略性组织变革与创新策略的关系——一个理论综述［J］. 技术经济与管理研究，2016（2）：40-44.

［62］王一鸣，王君. 用组织方式变革带动技术创新［N］. 中国经济导报，2005-11-22（C02）.

［63］卫旭华，刘咏梅，岳柳青. 高管团队权力不平等对企业创新强度的影响——有调节的中介效应［J］. 南开管理评论，2015（3）：24-33.

［64］魏云捷，徐大为，杨一帆，胡毅，乔晗，汪寿阳. 商业模式变革研究：TCL 案例［J］. 管理评论，2016（10）：250-258.

［65］吴晓芳. 海外并购对我国技术创新能力的影响研究［D］. 浙江大学硕士学位论文，2015.

［66］吴明隆. 结构方程模型：AMOS 的操作与应用［M］. 重庆：

重庆大学出版社, 2010.

[67] 徐强, 魏泽龙, 李垣, 弋亚群. 高管团队特征与战略变化关系的理论分析框架研究 [J]. 西安交通大学学报（社会科学版）, 2009 (1): 29-34.

[68] 徐鹏程. 我国民营企业产业集群与群内企业竞争优势互动关系研究 [D]. 华侨大学硕士学位论文, 2006.

[69] 徐细雄, 万迪昉, 淦未宇. 基于战略导向的企业技术创新策略选择：一个实验研究 [J]. 管理工程学报, 2008 (4): 1-7, 18.

[70] 严子淳, 黄磊, 刘鑫. 供应商关键能力、产业品牌价值与采购商重购意愿 [J]. 管理科学, 2016, 29 (1): 15-27.

[71] 杨林, 芮明杰. 高管团队特质、战略变革与企业价值关系的理论研究 [J]. 管理学报, 2010 (12): 1785-1791.

[72] 杨林, 张敏. 国外企业战略变革理论与经验研究综述 [J]. 外国经济与管理, 2008 (5): 56-65.

[73] 杨瑞平, 梁张颖. 高管团队背景特征对内部控制影响研究——来自房地产上市公司的证据 [J]. 经济问题, 2016 (9): 102-106.

[74] 杨萱, 罗飞. 中小板上市公司高管团队特征与企业创新行为关系研究 [J]. 财经论丛（浙江财经大学学报）, 2016, 207 (5): 87-95.

[75] 杨艳, 陈贻杰, 陈收. 战略变革对企业绩效的影响：基于货币政策的调节作用 [J]. 管理评论, 2015 (1): 66-75.

[76] 姚振华, 孙海法. 高管团队行为整合的构念和测量：基于行为的视角 [J]. 商业经济与管理, 2009 (12): 28-36.

[77] 姚振华, 孙海法. 高管团队组成特征、沟通频率与组织绩效的关系 [J]. 软科学, 2011, 25 (6): 64-68, 75.

[78] 姚振华, 孙海法. 高管团队组成特征与行为整合关系研究

[J]. 南开管理评论, 2010 (1): 15-22.

[79] 弋亚群, 刘益, 李垣. 战略变化的特征研究 [J]. 管理工程学报, 2007 (2): 1-4, 14.

[80] 游达明, 李志鹏, 杨晓辉. 高新技术企业创新网络能力对创新网络绩效的影响路径 [J]. 科学学与科学技术管理, 2015 (2): 70-82.

[81] 游达明, 杨晓辉, 朱桂菊. 多主体参与下企业技术创新模式动态选择研究 [J]. 中国管理科学, 2015, 23 (3): 151-158.

[82] 于水, 李延喜. 战略动量构成及其对战略变革过程的影响 [J]. 技术经济, 2012, 31 (12): 124-130.

[83] 余来文, 杜跃平, 安立仁. 动态环境下的企业战略变革研究 [J]. 当代经济管理, 2006, 28 (1): 12-15.

[84] 余子鹏, 王今朝. 我国企业技术创新选择影响因素的实证分析 [J]. 科研管理, 2015, 36 (7): 49-55.

[85] 曾萍, 邬绮虹. 女性参与高管团队对企业绩效的影响：回顾与展望 [J]. 经济管理, 2012 (1): 190-199.

[86] 张广凤. 企业技术创新策略选择——新古典经济学分析框架 [J]. 中国管理信息化, 2009 (1): 82-85.

[87] 张惠琴, 南毅. 中小企业竞争战略与激励机制对技术创新策略选择的影响——以四川省中小企业为例 [J]. 软科学, 2011 (9): 72-74, 80.

[88] 张平. 我国上市公司高层管理团队异质性与企业绩效的关系研究 [D]. 华南理工大学博士学位论文, 2005.

[89] 赵志耘, 杨朝峰. 创新范式的转变：从独立创新到共生创新 [J]. 中国软科学, 2015 (11): 155-160.

[90] 郑钰佳, 吕沙. 高管团队特征对企业 R&D 投资效率的影响研

究——来自西部地区上市公司的经验证据［J］.财会月刊，2015（7）：29-33.

［91］祖雅菲，陈良华，韩静.行业差异下高管团队特征对企业绩效影响关系研究——基于 HLM 模型的实证研究［J］.学海，2016（5）：150-157.

［92］朱治龙，王丽.上市公司经营者个性特征与公司绩效的相关性实证研究［J］.财经理论与实践，2004（2）：46-50.

［93］Alan McKinlay, Ken Starkey. Strategy and Human Resource Management［J］. Management Decision, 2003, 57（1）：435-450.

［94］Bansal P. From Issues to Actions: The Importance of Individual Concerns and Organizational Values in Responding to Natural Environmental Issues［J］. Organization Science, 2003, 14（5）：510-527.

［95］Bantel K. A., Jackson S. Top Management and Innovations in Banking: Does the Composition of the Top Team Make a Difference［J］. Strategic Management Journal, 1989（10）：107-124.

［96］Barker V. L., Mueller G. C. CEO Characteristics and Firm R&D Spending［J］. Management Science, 2002, 48（6）：782-801.

［97］Baum J. R., Wally S. Strategic Decision Rate and Firm Performance［J］. Strategic Management Journal, 2003, 24（11）：1107-1129.

［98］Boden R. J., Nucci A. R. On the Survival Prospects of Men's and Women's New Business Ventures［J］. Journal of Business Venturing, 2000, 15（4）：347-362.

［99］Boeker W. Strategic Change: The Influence Of Managerial Characteristics and Organizational Growth［J］. Academy of Management Journal, 1997, 40（1）：152-170.

[100] Boeker W. Executive Migration and Strategic Change: The Effect of Top Manager Movement on Product-Market Entry [J]. Administrative Science Quarterly, 1997, 42 (2): 213-236.

[101] Bonanno G., Haworth B. Intensity of Competition and the Choice between Product and Process innovation [J]. International Journal of Industrial Organization, 1998, 16 (4): 495-510.

[102] Camisón C., Villar-López A. Organizational Innovation as an Enabler of Technological Innovation Capabilities and Firm Performance [J]. Journal of Business Research, 2014, 67 (1): 2891-2902.

[103] Carpenter M. A., Geletkanycz M. A., Sanders W. G. Upper Echelons Research Revisited: Antecedents, Elements, and Consequences of Top Management Team Composition [J]. Journal of Management: Official Journal of the Southern Management Association, 2004, 30 (6): 749-778.

[104] Cho T. S., Hambrick D. C., Chen M. J. Effects of Top Management Team Characteristics on Competitive Behaviors of Firms [J]. Academy of Management Annual Meeting Proceedings, 1994 (1): 12-16.

[105] Cui A. S., Roger J. C. Strategic Change and Termination of Interfirm Partnerships [J]. Strategic Management Journal, 2011, 32 (4): 402-423.

[106] Dechow P. M., Sloan R. G. Executive Incentives and the Horizon Problem : An Empirical Investigation [J]. Journal of Accounting & Economics, 1991, 14 (1): 51-89.

[107] Díaz-Fernández M. C., González-Rodríguez M. R., Simonetti B. Top Management Teams' Demographic Characteristics and Their Influence on Strategic Change [J]. Quality & Quantity, 2015, 49 (3): 1305-1322.

[108] Dwyer L., Mellor R. Product Innovation Strategies and Performance of Australian Firms [J]. Australian Journal of Management, 1993 (18): 159-180.

[109] Eisenhardt K. M. Speed and Strategic Choice: How Managers Accelerate Decision Making [J]. California Management Review, 1990, 32 (3): 39-54.

[110] Gassiman B., Veugelers R. External Technology Sources: Embodied or Disembodied Technology Acquisition [M]. Barcelona: University Pompeu Fabra, 2000.

[111] Giacomo Bonanno, Barry Haworth. Intensity of Competition and the Choice between Product and Process Innovation [J]. International Journal of Industrial Organization, 1998, 16 (4): 102-116.

[112] Greenwood R., Hinings C. R. Organizational Design Types, Tracks and the Dynamics of Strategic Change [J]. Organization Studies, 2016, 9 (3): 293-316.

[113] Grimm C. M., Corsi T. M., Smith R. D. Determinants of Strategic Change in the LTL Motor Carrier Industry: A Discrete Choice Analysis [J]. Transportation Journal, 1993, 32 (4): 56-62.

[114] Hambrick D. C. Top Management Group: A Conceptual Integration and Reconsideration of the "Team" Label [J]. Research in Organization Behavior, 1994 (16): 171-214.

[115] Hambrick D. C. Fragmentation and the other Problems CEOs Have with Their Top Management Teams [J]. California Management Review, 1995, 37 (3): 110-127.

[116] Hambrick D. C., Mason P. A. Upper Echelons: The

Organization as Reflection of Its Top Managers [J]. Academy of Management Review, 1984, 9 (2): 193-206.

[117] Henard D. H., Mcfadyen M. A. Resource Dedication and New Product Performance: A Resource-Based View [J]. Journal of Product Innovation Management, 2012, 29 (2): 193-204.

[118] McCutchen, Jr. Strategy Changes as a Response to Alterations in Tax Policy [J]. Journal of Management, 1993, 19 (3): 575-593.

[119] Jensen Michael C., Meckling William H. Theory of the Firm: Managerial Behavior [J]. Agency Costs and Ownership Structure, 1976 (1).

[120] Jones N. Competing after Radical Technological Change: The Significance of Product Line Management Strategy [J]. Strategic Management Journal, 2003, 24 (13): 1265-1287.

[121] Judge W. Q., Miller A. Antecedents and Outcomes of Decision Speed in Different Environmental Contexts [J]. Academy of Management Journal, 1991, 34 (2): 449-463.

[122] Kelly D., Amburgey T. L. Organizational Inertia and Momentum: A Dynamic Model of Strategic Change [J]. Academy of Man-agement Journal, 1991, 34 (3): 591-612.

[123] Marta Dominguez C. C., Galángonzález J. L., Barroso C. Patterns of Strategic Change [J]. Journal of Organizational Change Management, 2015, 28 (3): 411-431.

[124] Meyer M. H., Utterback James M. The Product Family and the Dynamics of Core Capability [J]. Mit Sloan Management Review, 1993 (34): 29-47.

[125] Miles R. E., Snow C. C. Fit, Failure and the Hall of Fame

[J]. California Management Review, 1984, 26 (3): 10-28.

[126] Mintzberg H., Westley F. Cycles of Organizational Change [J]. Strategic Management Journal, 1992, 13 (S2): 39-59.

[127] Naranjo-Gil D., Hartmann F., Maas V. S. Top Management Team Heterogeneity, Strategic Change and Operational Performance [J]. British Journal of Management, 2008, 19 (3): 222-234.

[128] Quintana-García C., Benavides-Velasco C. A. Cooperation, Competition, and Innovative Capability: A Panel Data of European Dedicated Biotechnology Firms [J]. Technovation, 2004, 24 (12): 927-938.

[129] Robert Baum J., Wally S. Strategic Decision Rate and Firm Performance [J]. Strategic Management Journal, 2003, 24 (11): 1107-1129.

[130] Rumelt R. P. Strategy, Structure, and Economic Performance [J]. Journal of Behavioral Economics, 1974 (75): 91-92.

[131] Rynes S. L., Bartunek J. M., Daft R. L. Across the Great Divide: Knowledge Creation and Transfer between Practitioners and Academics [J]. Academy of Management Journal, 2001, 44 (2): 340-355.

[132] Sampson R. C. Organizational Choice in R&D Alliances: Knowledge-based and Transaction Cost Perspectives [J]. Managerial & Decision Economics, 2004, 25 (6-7): 421-436.

[133] Schilke O., Reimann M., Thomas J. S. When Does International Marketing Standardization Matter to Firm Performance? [J]. Journal of International Marketing, 2013, 17 (4): 24-46.

[134] Scifres E. L. Strategic Adaptation in the Banking Industry: An Exploration of the Antecedents and Consequences of Strategic Change following Deregulation [D]. Doctor Dissertation of Louisiana State University

and Agricultural and Mechanical College, 1994.

[135] Sidhu J. S. Top Management Team Search and New Knowledge Creation [J]. International Studies of Management & Organization, 2012, 42: 27-51.

[136] Smith. Fast Software Processing of Motion JPEG Video [C] // ACM International Conference on Multimedia. ACM, 1994: 77-88.

[137] Theresa S. Cho, Donald C. Hambrick. Attention as the Mediator between Top Management Team Characteristics and Strategic Change: The Case of Airline Deregulation [J]. Organization Science, 2006 (8): 453-469.

[138] Venkatraman N. The Concept of Fit in Strategy Research: Toward Verbal and Statistical Correspondence [J]. Academy of Management Review, 1989 (14): 423-444.

[139] Wally S., Becerra M. Top Management Team Characteristics and Strategic Changes in International Diversification [J]. Group & Organization Management, 2001, 26 (2): 165-188.

[140] Wiersema M. F., Bantel K. A. Top Management Team Demography and Corporate Strategic Change. Academy of Management Journal [J]. 1992, 35 (1): 91-121.

[141] Wright W. A., Knight P. T., Pomerleau N. Portfolio People: Teaching and Learning Dossiers and Innovation in Higher Education [J]. Innovative Higher Education, 1999, 24 (2): 89-103.

[142] Xie X. M., Zeng S. X., Tam C. M. How Does Cooperative Innovation Affect Innovation Performance? Evidence from Chinese firms [J]. Technology Analysis & Strategic Management, 2013, 25 (8): 939-956.

[143] Yi Y., He X., Ndofor H., et al. Dynamic Capabilities and the Speed of Strategic Change: Evidence From China [J]. IEEE Transactions on Engineering Management, 2008, 62 (1): 18-28.

[144] Yi Y., Li Y., Hitt M. A., et al. The Influence of Resource Bundling on the Speed of Strategic Change: Moderating Effects of Relational Capital [J]. Asia Pacific Journal of Management, 2016, 33 (2): 435-467.